EDAF
MADRID - MÉXICO

JEAN HOUSTON

Si quieres, es posible

Una guía para alcanzar tu verdadero potencial

CRECIMIENTO INTERIOR

Título original:
A PASSION FOR THE POSSIBLE: A Guide to Realizing Your True Potential

Traducido por:
MARÍA SARHAN

© 1997. Jean Houston
© 1998. De la traducción, Editorial EDAF, S. A.
© 1998. Editorial EDAF, S. A. Jorge Juan, 30. 28001 Madrid.
Dirección en Internet: http://www.arrakis.es/-edaf
Correo electrónico: edaf@arrakis.es.
Para la edición en español por acuerdo Harper San Francisco, a division of HarperCollins Publishers Inc.

No está permitida la reproducción total o parcial de este libro, ni su tratamiento informático, ni la transmisión de ninguna forma o por cualquier medio, ya sea electrónico, mecánico, por fotocopia, por registro u otros métodos, sin el permiso previo y por escrito de los titulares del Copyright.

Depósito Legal: M. 39.802-1998
ISBN: 84-414-0466-6

PRINTED IN SPAIN   IMPRESO EN ESPAÑA
    IMPRIME: IBÉRICA GRAFIC, S.L. -FUENLABRADA (MADRID)

Alabanzas a SI QUIERES, ES POSIBLE

«Jean Houston, con su estilo brillante y agudo, ha escrito una obra maestra de guía espiritual que ayuda a eliminar la resistencia que opone nuestro ego al poder del amor y a la pasión por la vida que hay en todos nosotros.»

Dr. Gerald G. Jampolsky, autor de
Love Is Letting Go of Fear

«Jean Houston, con pasión e inocencia, nos ayuda a ver la vida de formas nuevas y maravillosa.»

Mario Puzo, autor de *El Padrino* y *El Último Don*

«Jean Houston es un tesoro nacional. Escribe con gran sencillez directamente de su corazón al mío. Me encanta este libro.»

Dr. Wayne W. Dyer, autor de *Manifest Your Destiny*

«Con elocuencia, Jean Houston nos revela el Yo Esencial, ese guía que hay dentro de todos nosotros, que nos puede conducir a nuestro destino superior, exponernos nuestro propósito de ser y manifestarnos todo lo que podemos ser... si tan sólo tuviéramos el coraje de escuchar.»

James Redfield, autor de *The Celestine Prophecy*

«Con sencilla elegancia, Jean Houston nos muestra cómo liberar al genio que tenemos en lo más hondo de nuestro ser.»

Deepak Chopra, autor de
Las siete leyes espirituales del éxito

«Como una arqueóloga del espíritu humano que bucea en los grandes mitos y misterios, Jean Houston sigue recordándonos por qué estamos aquí y ahora en la Tierra y por qué no debemos dar por sentado ningún momento de nuestra vida.»
Armand Assante, actor, protagonista de *La Odisea*

«*Si quieres, es posible* es una guía para expresar nuestro máximo potencial como seres humanos, escrita por una de las mayores maestras de esta época o, ciertamente, de cualquiera. La obra de Jean Houston es una bendición en el verdadero sentido de la palabra; fomenta que el potencial oculto germine y florezca en todo su esplendor.»
Joan Borysenko, autora de
Minding the Body, Minding the Mind

«Jean Houston trae fuego desde el cielo para capacitar e inspirar las vidas individuales.»
Dr. Larry Dossey, autor de
Healing Words y *Be Careful What You Pray For... You Just Might Get It.*

*Para Catherine Tatge,
Dominique Lasseur y
Kenneth Cavander,
Compañeros en lo Posible*

*y para Paula Perlis,
quien comprende la comida
en los cuatro niveles*

Índice

Págs.

Una invitación para descubrir más de lo que eres	13
Un viaje a los cuatro niveles de tu ser	31
Disfrutando del mundo sensorial	53
Visitar el reino psicológico	99
El viaje mítico	141
La búsqueda espiritual	179
Cultivar la pasión cotidiana	211
Agradecimientos	215

Una invitación para descubrir más de lo que eres

¡Tú! Te conozco. Quizá no lo sepas, pero te conozco. Eres un buscador. Eres como un pichón a punto de emprender el vuelo. Intuitivamente sientes que posees un potencial que apenas has empezado a aprovechar. Eres como un capullo listo para florecer. Una crisálida esperando convertirse en mariposa.

Te he encontrado en el supermercado, cuando tratabas de contener a dos críos llenos de energía y empujabas un carrito lleno de compras. Te vi mirar con añoranza la estantería de los libros. Tu cara tenía el aspecto decidido de alguien que sabe que la vida es algo más que alimentos congelados y narices moqueantes.

Fui tu compañera de vuelo a diez mil quinientos metros de altitud. Me contaste que tu hijo de doce años bateó dos pelotas anoche mientras tú estabas en una habitación de hotel a mil quinientos kilómetros de distancia. Dijiste que tu sueño era dejar tu trabajo de vendedor y abrir una carpintería en la ciudad en la que vives.

He escuchado mientras me hablabas que habías descubierto que eres escritor. Aunque lo único que tienes como presentación de tus esfuerzos es un cuaderno de apuntes lleno de cuentos no publicados y una caja de zapatos llena de cartas de devolución, trabajas duro en el borrador de una novela.

Te he conocido como un joven licenciado universitario con el mundo abierto ante ti. Estás lleno de ideales, habilidad y sueños, pero aún no has resuelto cómo utilizar esa energía... por no hablar de la cancelación del crédito de estudiante.

Viniste a contarme qué se siente al ser una superviviente del cáncer. Estás viva y contenta por ello. Tu pareja de toda la vida no pudo soportar los hospitales y te dejó en medio de la quimioterapia, pero te has unido a un grupo de supervivientes y te preparas para aconsejar a otros pacientes con cáncer.

Eras la mujer de cincuenta y tantos años que asistió a mi seminario, cuya hija menor acababa de ir a la universidad. Aunque tu marido dice que la «realización personal» es una sarta de mentiras, te has apuntado a un curso nocturno de religiones del mundo y a otros varios seminarios aparte del mío. «Ahora es mi turno», me dijiste. «He venido aquí a averiguar qué nos espera a continuación.»

Seas quien seas, sea cual fuere tu vida, te conozco del mismo modo que me conozco a mí misma. Los dos nos enfrentamos a los mismos retos. Vivimos en una época donde se están produciendo los cambios más trascendentales y vertiginosos de la historia humana.

La mayoría de nosotros acumulará entre cinco y cincuenta veces la experiencia de nuestros antepasados de hace doscientos años. Muchos de ellos recibirían al nacer el esquema de su vida, y crecían para ser granjeros, tejedores, soldados, sacerdotes, o madres que daban a luz y enterraban a un hijo tras otro. Ricos o pobres, plebeyos o aristócratas, sus vidas seguían las mismas fórmulas que durante siglos siguieron sus padres. Había ventajas, desde luego. Sabían quiénes eran, qué contarle a sus hijos, la comodidad de la repetición y la falta de opciones.

Y entonces todo cambió. Se ha dicho que desde 1945 hasta la actualidad han tenido lugar tantos acontecimientos como en los dos mil años anteriores a 1945. La antigua maldición «ojalá vivas en tiempos interesantes» se ha hecho realidad para nosotros. Este es... el tiempo más interesante de la historia humana. A la humanidad no le ha sucedido nada comparable desde la Revolución Industrial o, más atrás aún, desde que abandonamos el nomadismo de la caza y nos asentamos para cultivar la tierra y levantar la civilización.

Nuestras vidas cotidianas reflejan este salto enorme en la complejidad y el ritmo de la experiencia contemporánea. Estamos dominados por la incertidumbre, la falta de preparación y de protección ante la cantidad de eventos que se suceden casi sin pausa. Somos el pueblo del paréntesis, al final de una era y no del todo al comienzo de la nueva. Algunos nos retiramos de la embestida. O nos convertimos en adictos al trabajo. O hallamos un solaz entumecedor en las adicciones o en las horas que pasamos frente al televisor. Demasiados aceptamos vidas de monotonía de serial y el progresivo debilitamiento de nuestra pasión por la existencia.

Pero muchos, en número significativo, intentamos comprender la oportunidad vital que se nos presenta. El futuro está sembrado en este tiempo del paréntesis. Formamos parte de la colectividad más importante que jamás ha existido. Nosotros determinaremos si la humanidad se desarrollará o morirá, evolucionará o perecerá.

¿Cómo nos preparamos para un tiempo semejante? ¿Cómo nos preparamos para asumir la responsabilidad tanto para el proceso personal como el planetario? No hemos sido entrenados para esta tarea, y las fórmulas habituales y las soluciones temporales no nos ayudarán. La densidad y proximidad de la aldea global, las pasmosas consecuencias de nuestro nuevo conocimiento y tecnologías nos convierten en directores de un mundo que, hasta ahora, en su mayor parte nos había dirigido.

En la actualidad, nuestra conciencia humana extremadamente limitada tiene poderes sobre la vida y la muerte que otrora se otorgaba a «dioses» míticos. Esa conciencia extremadamente limitada, con sólo apretar un botón, puede provocar un holocausto nuclear. Esa conciencia extremadamente limitada interviene en el código genético, interfiere en los complejos esquemas del mar y de la tierra, exterminando innumerables especies marinas y plantas. Esa conciencia extremadamente limitada ha aniquilado a 100 millones de seres humanos en los últimos sesenta años.

Esa conciencia extremadamente limitada nos ha dado gobiernos que son muy poderosos para los pequeños problemas de la vida y demasiado pobres de espíritu para los problemas grandes. Esa conciencia extremadamente limitada no puede ocuparse de la violencia étnica y tribal, de la ira de los desposeídos, de la adicción al consumo o a las sustancias que matan el alma, de la misma supervivencia de la vida en este planeta. A cambio, esa conciencia extremadamente limitada nos ofrece un popurrí de soluciones que crea diez problemas nuevos por cada remiendo rápido.

¿Qué cualidades mentales, corporales y espirituales pueden superar estas limitaciones? ¿Cómo nos preparamos para convertirnos en administradores del planeta, con la suficiente pasión por lo posible como para unirnos mediante la mayor transformación social jamás conocida?

Este libro trata sobre la forma de descubrir y desarrollar estas cualidades. Versa sobre nuestra capacidad natural de conseguir la pasión por lo posible a través del mayor uso de nuestro potencial innato. Sólo de esta manera podremos estar a la altura del desafío de nuestro tiempo y cruzar las peligrosas aguas que nos separan de una época moribunda de otra que está a punto de nacer. Sin importar lo insatisfactorias que puedan parecer nuestras vidas, sin importar lo escasa que sea nuestra autoestima, estamos llamados a la grandeza por la necesidad de nuestra era, y tenemos poca elección salvo aceptarlo.

Puede que pienses que se trata de una tarea imposible. Todos nos sentimos inadecuados cuando se trata de parar la marea de problemas que están destruyendo al mundo o de ir más allá de nuestras limitaciones personales. Sé lo desesperada que me siento cuando veo las noticias de la noche o leo el periódico por la mañana. Y por experiencia personal sé cómo los medios distorsionan la verdad de las cosas a fin de conseguir una historia que venda, quemando vidas y carreras en el proceso. A menudo siento mi propia incapacidad para servir a mi mundo y época como deseo hacerlo antes de morir. Y estoy con aquellos de vosotros que también sentís que el tiempo se agota para marcar la diferencia y conseguir un mundo mejor.

Pero entonces me viene el recuerdo vívido, como sé que os sucede a vosotros, de ver por primera vez la imagen de la Tierra desde el espacio exterior. Para muchos de los pueblos de la Tierra, ver nuestro planeta flotando en el espacio aceleró algo muy profundo en el espíritu humano. De pronto nos dimos cuenta de que pertenecemos a una unidad de vida y de pueblos mucho más grande. Después de observar aquella imagen del Hogar, comenzamos a atesorar la totalidad del planeta, no sólo nuestra parcela o nación particulares. Empezamos a entender que una parte del mundo ya no puede dominar a las otras a través del poderío económico o militar.

Ha surgido una luz extraordinaria en medio de la confusión del cambio demasiado acelerado. Se han equilibrado factores únicos en la historia humana para ayudarnos a convertirnos en más que lo que jamás soñamos que podríamos ser. En el siglo próximo vislumbramos la llegada de una sociedad planetaria que presagia el fin de las antiguas enemistades y el nacimiento de formas nuevas de usar nuestra humanidad común y sus diversas culturas. De hecho, si queremos sobrevivir a nuestro tiempo, necesitaremos agrupar el potencial de toda la especie humana y el genio específico de cada cultura.

Parte de mi trabajo ha sido estudiar el potencial cultural y recogerlo para su uso en la educación, la sanidad, el bienestar social, el desarrollo personal, el trabajo, el arte y la creatividad. He descubierto que los retos que surgen en nuestra cultura a menudo se pueden encarar aplicando las estrategias desarrolladas en otra cultura.

Por ejemplo, en una tribu de África Occidental los asuntos de la comunidad se analizan de tal forma que a nosotros nos resultaría sorprendente. La cuestión —digamos que mejorar la eliminación de basura— se presenta en una asamblea del poblado. Luego la gente baila el problema, lo canta, lo dibuja en la arena, cierra los ojos e imagina soluciones, duerme y sueña con él, baila un poco más y luego, de pronto... ¡una solución! Y una muy buena, ya que la gente ha deslizado el problema por muchos modos distintos de conocimiento y lo ha analizado desde puntos de vista muy diferentes.

¡Qué mezquinas parecen nuestras interminables asambleas de comités y presentaciones comparadas con esto! De hecho, ¿por qué no lo intentáis alguna vez? Cuando busquéis una solución a algo que os preocupe —supongamos la basura que penetra en la mente de vuestros hijos al ver la televisión—, no debéis sólo sentaros y fruncir el ceño. Bailad, tocad el tambor, imaginad, invocad, invitad, dibujad, cantad el tema. Y ved qué ocurre.

Los pueblos del mundo tienen otras muchas ideas buenas y útiles. En Bali la gente aprende rápidamente oficios artísticos al penetrar en el sentido interior de «ser» de una danza compleja, una máscara, una estatua, una pintura, y sólo entonces expresa lo que «es» en forma física.

Entre los pueblos inuit del norte de Canadá y Alaska, el modo de solucionar un problema mecánico es intuido por el mecánico, que cierra los ojos y recorre mentalmente el motor averiado. Ha desarrollado esta destreza para la visualización porque su gente ha aprendido a contener en la cabeza un mapa interior de los detalles sutiles de un paisaje que puede desaparecer bajo la nieve en un abrir y cerrar de ojos.

En Turquía, los derviches, cuya envolvente danza es una forma de plegaria, han descubierto que los sonidos y movimientos los llevan a un estado de unión con el Único.

Nosotros también, en Occidente, estamos contribuyendo con un elemento esencial para el advenimiento de la cultura mundial. Las mujeres occidentales abren el camino hacia el ascenso de las mujeres de todo el mundo a la plena igualdad con los hombres prácticamente en todos los asuntos humanos. Y a medida que las mujeres se ven plenamente capacitadas, los hombres se sienten liberados para descubrir que las actividades a menudo consideradas «femeninas» —sentimientos, alimentación, colaboración, celebración, relaciones— son, de hecho, dominio de todos. Personalmente yo creo que éste es el cambio más importante en la historia humana.

El rico estilo mental de las mujeres, que ha estado gestándose en el útero del tiempo de preparación durante estos muchos milenios, empieza a ser popular, y viene acompañado por un cambio tremendo en el modo de hacer las cosas. Las mujeres enfatizan más el proceso que el producto; su don especial es hacer que las cosas se unan, se relacionen, crezcan. A través de los ojos de las mujeres, las relaciones son más importantes que el resultado final. El mundo interior es tan importante como el mundo exterior. El gobierno, los juegos, la educación, el trabajo, la salud y la propia sociedad son elevados a nuevos criterios que respetan la plenitud de quienes somos y lo que podemos llegar a ser. Éste es un cambio vital, y una vez que haya florecido por completo, el mundo habrá emprendido un nuevo camino.

En el mundo nuevo que nos aguarda a la vuelta de la esquina, serán necesarias todas estas destrezas individuales y soluciones nuevas para enfrentarnos a los peligros y recoger la promesa de un mundo impulsado por la tecnología y los medios de comunicación. La gente y las ideas se están interrelacionando a toda velocidad en formas que crean un entorno nuevo... prácticamente una nueva mente mundial.

El desafío radica en deducir cómo nuestras mentes locales pueden esperar enfrentarse a la resultante sobrecarga de información. Ya hay demasiadas personas totalmente saturadas. Algunas pierden horas en Internet, alejadas de los amigos y la familia, alborotándose la cabeza con trivialidades que succionan su energía vital.

Pero otros han descubierto ideas y comunidades conectadas a la red que alimentan sus mentes, insuflándoles valor para emprender proyectos que nunca habrían soñado que fueran posibles. ¡Una chica de catorce años a la que conozco utilizó Internet desde su casa en Nueva Inglaterra para ayudar a organizar un movimiento para limpiar los océanos! Es como si estuviera en marcha un sistema nervioso mundial. En ese sistema cada uno de nosotros es una neurona, con poderes que otrora pertenecieron a reyes.

¿Cómo nos preparamos para vivir en un mundo interconectado, en un mundo en constante cambio, en el que lo inesperado es lo esperado y la desintegración y reconstrucción de todo lo que alguna vez conocimos es algo cotidiano? Asistimos a un vasto despertar para un modo de ser que ha sido nuestro durante cientos e incluso miles de años.

Pero nosotros también somos los que continuaremos. Disponemos de una oportunidad sin igual para cultivar las capacidades humanas que nos harán falta para tratar con los tiempos de apertura que siguen a los tiempos de cierre. Las buenas noticias son que nuestros cuerpos y mentes están codificados con una serie extraordinaria de posibilidades y potenciales. Las malas son que aprendemos a usar muy pocas de ellas.

Es como si fuéramos un instrumento musical con un millón de tonos, en el que sólo tocamos unos veinte. En su mayor parte, la espléndida música de nuestras mentes jamás se interpreta y permanece desconocida.

Es como si viviéramos en medio de un amplio jardín lleno de frutas y verduras maravillosas, muriéndonos de hambre porque sólo comemos los insectos que encontramos en la tierra.

Existir en una franja tan estrecha nos ha traído frustraciones y desgracias, la sombra del odio y la amenaza del apocalipsis. Nuestra actual catástrofe ecológica ha sido engendrada por el escandaloso y excesivo uso del mundo exterior y la terrible infrautilización del mundo interior. Como dice Jesucristo en el Evangelio gnóstico de Santo Tomás: «Cuando lo que tengáis en vosotros venga de vosotros mismos, os salvará; si no tenéis eso en vosotros, que no lo tenéis de vosotros mismos, eso os hará morir.»

En este tiempo de transición completa ya no podemos permitirnos el lujo de vivir como versiones ligeras de nosotros mismos. La complejidad de nuestra época requiere un uso mayor y más inteligente de nuestras capacidades, un manejo rico del instrumento que nos han dado. El mundo podrá medrar sólo si nosotros podemos crecer. La sociedad posible puede convertirse en una realidad únicamente si aprendemos a ser los seres humanos posibles que debemos ser.

Hace poco le pregunté a un grupo de gente qué capacidades creía que necesitaba para enfrentarse a este desafío. Una mujer dijo que lo que ella más necesitaba era coraje... coraje para reordenar sus prioridades y conseguir tiempo para la exploración personal en vez de dedicar sus mejores horas a trabajar y a la promesa del éxito exterior.

Otra habló de aprender estrategias nuevas para conseguir llevar a cabo las múltiples tareas que eran su sino. Tenía un trabajo a jornada completa al tiempo que se ocupaba de su hogar y de la familia, mientras asistía a la universidad para obtener una licenciatura en planificación social a la vez que se hacía cargo de sus ancianos padres.

Otra mujer habló de encontrar maneras de mantener la mejor salud posible ante la vida compleja y atareada que llevaba.

Durante el descanso, algunas personas se me acercaron para exponerme ideas. Una mujer comentó que sentía un empujón del pasado y un tirón del futuro para ser todo lo que podía ser. «Es como si mis antepasados lo exigieran y mis descendientes lo necesitaran.»

Un hombre informó de que la capacidad que él más deseaba era reactivar las partes de sí mismo que había permitido que se deterioraran.

«¿Como cuáles?», pregunté.

«La memoria, la imaginación, la creatividad», repuso. «He estado funcionando con tanta concentración que me he olvidado de quién soy. De joven estaba lleno de sueños e ideas... tenía tantas ideas. Quiero recuperar algunas.»

Los seres humanos no están formados para sentirse satisfechos viviendo como versiones frustradas e inhibidas de sí mismos. A lo largo de la historia y en todo el mundo las personas han experimentado el anhelo de ser más, de forzar la membrana de lo posible. Han entrado en monasterios y en escuelas esotéricas en busca de estudios seculares y también misteriosos. Han practicado yoga, artes marciales, deportes, danza y arte. Han abandonado el hogar y la familia para emprender una aventura más allá de lo ordinario, embarcándose en viajes visionarios y espirituales.

Esas pretensiones forman parte de ser humano. Es como si hubiera unos agentes catalíticos cociéndose en nuestros genes que de forma regular chisporrotean y borbotean con jugos evolutivos. Parecen decir: «Ya es hora de despertar.»

Y de esta forma os pido que reflexionéis sobre esto: ¿Cómo seríais si hoy empezarais a aprovechar al máximo el resto de vuestra vida? ¿Si girarais en una esquina y despertarais?

De pronto, estáis intensamente conectados con toda la sabiduría interior que contenéis, más presente y viva en este momento que en la anterior somnolencia de tantos años. Cada día trae pensamientos y sensaciones nuevos, o variaciones interesantes de los viejos. El 90 por 100 de lo que pensáis y sentís ya no es lo mismo que lo que pensasteis y sentisteis ayer o que lo que pensaréis y sentiréis mañana.

Muchas de las así llamadas personas más grandes que la vida difieren de nosotros principalmente en esto: No es que sean en realidad más grandes de mente y alma o más brillantes, sino que se hallan profundamente presentes en la materia de sus vidas, en lo que sucede tanto en su interior como a su alrededor.

Emplean y disfrutan más sus sentidos, habitan con aguda percepción sus cuerpos y sus mentes, exploran el mundo de las imágenes y la imaginación, repasan recuerdos, se entregan a proyectos que reinventan el mundo, se muestran serios sobre la vida pero se ríen de sí mismos, y buscan capacitar a otros del mismo modo en que se capacitarían a ellos. Expuesto de manera sencilla, cocinan con más fuegos. Y cuando al final yacen moribundos, pueden decir: «La vida ha sido una experiencia muy satisfactoria.»

Mi trabajo es mostrarle a la gente cómo despertar, cómo habitar partes de sí misma que han quedado desocupadas y sin explorar. En las escrituras cristianas se nos dice: «En la casa de mi padre hay muchas moradas.» Como es arriba, es abajo. En la provincia de la condición humana existen innumerables casas, apartamentos, condominios, tiendas e incluso algunas mansiones, muchas de las cuales llevan años deshabitadas.

Cuando nos mudamos de la caja que hemos llamado hogar para residir en algunos de estos lugares gloriosos, nuestra realidad se eleva de forma drástica. Empezamos a vivir con pasión cotidiana. Las cosas se vuelven más reales. Los colores, las formas, las ideas y las relaciones tienen más intensidad, energía y patrones.

Esta agudeza aporta una motivación para «seguir adelante». Los viejos obstáculos se disuelven cuando descubrimos nuevas formas de ser, de emprender, un nuevo cuerpo y una nueva mente.

¡ES HORA DE DESPERTAR!

Un amigo, Howard Jerome, y yo escribimos una vez una estimulante canción, completa con percusión y trompetas y una melodía creciente, que intentaba transmitir el potencial desaprovechado que todos poseemos. Se llama «¡Eres Más!» Y éstas son sus palabras:

*Eres más que lo que finges ser,
eres más que lo que pueden ver casi todos los ojos,
eres más que toda tu historia,
mira en tu interior y encontrarás,
que hay gloria en tu mente.
Ven, sé la persona que serías...*

*Eres más que lo que dicen tus líderes,
eres más que el modo en que te ganas el sueldo,
eres más que lo que hoy pareces,
así que despréndete de esa máscara de perdedor,
eres igual que tu misión,
la pregunta que deberías formular es quién eres...*

*Eres más que lo que gritan los predicadores,
eres más, ven y deja que salga tu espíritu,
eres más, tu alma no deberá dudar,
levántate, despierta,
con cada aliento que respiras,
el dios en tu interior anhelará ser...*

*Eres más que célula, sangre y hueso,
eres más que sólo tu nombre,
eres más que todo lo que puedas poseer.
Mira por doquier a tu alrededor,
hay algo que compartimos.
¡La magia en el aire eres tú!*

*Eres más que un gráfico de estadísticas,
eres más que la suma de todas tus partes,
eres más en el centro de tu corazón.
Sabes que es verdad.*

*Este ser que eres tú
tiene milagros que obrar.
Cree...*

Cree que eres más, que posees un yo interior, un verdadero yo, que puede emerger sólo si le brindas tu atención. Puedes considerarlo el embrión de tu Yo Superior, un ser evolutivo listo para nacer.

Gran parte de la premura que habéis sentido esos últimos años —moviéndoos entre el estrés y la angustia, la sensación de vivir en una condición anticuada, el regocijo anterior a lo que aún no es, el temor a abandonar el útero de la vieja era— viene de los dolores de parto de la evolución social que se nos avecina.

El nacimiento es un viaje. El segundo nacimiento es un gran viaje. De ahí el tema recurrente en muchas de las escrituras sagradas del mundo: «A menos que vuelvas a nacer no podrás entrar en el Reino...»

El nuevo nacimiento requiere un nuevo ser. Significa tender nuevos caminos en los sentidos para que éstos incorporen las nuevas de este notable mundo. Significa extender el campo de vuestra psicología para que existan más de vosotros para hacerlo. El nuevo nacimiento demanda que escojáis una historia más rica y suculenta, incluso un mito nuevo, mediante los cuales abarcar vuestra vida y que empecéis a vivirla. Y lo más importante de todo, pide que os fundamentéis una y otra vez en Dios, en el Espíritu... en el Amor que mueve el sol y las estrellas.

A continuación comenzaremos a buscar esos caminos, campos, historias y fuentes. Yo seré vuestra guía, vuestra amiga del camino. Juntos viajaremos a los cuatro niveles del yo, a cuatro mundos extraordinarios, cada uno con sus propios tesoros y poderes.

Mediante décadas de investigación y enseñanza, he descubierto que todos los seres humanos contienen esos reinos interiores, pero que pocos poseen algo más que un conocimiento pasajero de lo que tienen. La mayoría apenas está familiarizada con las dimensiones superficiales, dejando sus extensiones interiores sin explorar.

Pero es en el mundo interior donde esos reinos del ser disfrutan de su mayor alcance, variedad y profundidad. En ellos yacen potenciales dormidos. En ellos están los materiales para volver a tejer la mente y el cuerpo. De ellos recibe el alma las órdenes para su más hondo propósito. ¡Desde ellos se vuelve a empezar!

¿Cuáles son estos reinos desconocidos pero familiares?

El más accesible es el sensorial y físico, el nivel del cuerpo y de los sentidos. Luego viene el reino psicológico, el nivel de las historias y las emociones personales. Al tercero lo llamo el reino mítico y simbólico, el nivel de la historia y de los patrones universales. El más hondo, el espiritual, es el Gran Misterio del cual emergemos todos.

Antes de emprender nuestra exploración, dejad que os aconseje que el poder de este libro reside en volver a imaginar vuestra práctica de lectura. La técnica que tengo en mente no es desconocida. Cuando leemos novelas y cuentos, a menudo nos encontramos viendo con un ojo interior y oyendo con un oído interior a los personajes y eventos descritos. Si el libro es especialmente cautivador, el mundo narrado puede que durante un tiempo nos parezca incluso más auténtico que el entorno de nuestra «vida real».

Aunque ésta no es una novela, sí es una aventura que os pide que seáis participantes conscientes en la historia que expone. Al viajar juntos por estas páginas, a menudo os sugeriré cosas para pensar y hacer que pueden ayudaros a experimentar potenciales en cada uno de los cuatro reinos. Os invito a imaginarlos de la forma más vívida que podáis, pues en la imaginación radica la clave del descubrimiento.

En el reino sensorial comeréis melocotones maduros y caminaréis por cálidas playas. En el psicológico conoceréis a miembros de vuestra tripulación interior: el maestro, el niño, el mecánico, el poeta. En el reino del mito, viajaréis a un tiempo muy, muy remoto en una galaxia muy lejana con unos cuantos personajes conocidos. Por último, en el espiritual, llegaréis a Casa para ver quiénes y qué sois realmente.

Como varitas mágicas usaremos palabras para invocar el yo interior de vuestro ser potencial. Al final del libro, descubriréis que habéis desarrollado matices nuevos, un sentido más potente de vuestra propia esencia y una pasión por llevar a cabo vuestras posibilidades.

¡Puede que hasta tengáis que miraros al espejo y volver a presentaros!

Empecemos nuestro viaje realizando un recorrido rápido por los cuatro reinos, sólo para hacernos a la forma de la Tierra. Después, emprenderemos un viaje de descubrimiento más extenso a los tramos ocultos y a los desvíos secretos de cada dimensión de nuestro ser. ¿Listos? Vayamos en una misión de exploración a los cuatro niveles del espacio interior.

Un viaje a los cuatro niveles de tu ser

¿QUÉ ES LO QUE PERMITE que algunas personas utilicen su poder creativo y hagan maravillas en la música, las artes, la literatura y la ciencia, mientras otras van dando tumbos desesperadas y confusas, aisladas del creador que llevan en su interior? ¿Qué es lo que permite que algunas personas vean cada problema que se les presenta como «una oportunidad pintada», mientras otras se esconden de los desafíos que les salen al paso o quedan aturdidas ante su impacto?

En una ocasión realicé un estudio sobre cincuenta y cinco de las personas más creativas de los Estados Unidos, gente innovadora como Margaret Mead, Joseph Campbell, Linus Pauling, Jonas Salk y Buckminster Fuller. Cada uno había mantenido un alto nivel de investigación y descubrimiento en su campo a lo largo de los años.

Aunque muy distintos en personalidad e intereses, descubrí que estos genios creativos tenían una cosa importante en común. Cada uno estaba familiarizado con ese mundo interior y creía que las ideas e imágenes que albergaba podían encender sus proyectos. Cada uno se había convertido en un arqueólogo de la mente, en un espeleólogo en la cueva de la inspiración interior. Algunos consideraban que bucear en las profundidades de su propio ser era como entrar en contacto con las formas y patrones de la misma Creación.

Un científico del Instituto Rockefeller que formaba parte del estudio me dijo: «A veces siento como si estuviera recurriendo al almacén de Dios. Conozco la ciencia que he estudiado, por supuesto, y cuando entro encuentro muchas de mis propias ideas y conceptos organizados en símbolos y vestidos de gala, y eso es muy divertido. Pero cuando voy más adentro, parece como si las ideas vinieran de algún otro lugar. No es que sólo sean más caudalosas y elegantes, sino que de vez en cuando están más allá de cualquier cosa que jamás se me haya ocurrido. Entonces me pregunto: "Quién es el que ha pensado eso".»

¿Quién, de verdad? He meditado mucho en la pregunta de aquel científico. En ese sentido, no estoy sola. Francisco de Asís dijo una vez: «Buscamos a Aquel que busca.»

El gran místico alemán Maestro Eckhart lo expuso de forma más directa: «El ojo por el que veo a Dios es el mismo ojo por el que Dios me ve.»

No somos «bolsas de piel encapsuladas que arrastran un pequeño y aburrido ego», tal como lo pusiera tan caprichosamente mi difunto amigo Alan Watts. A cambio, cada uno de nosotros es un mundo pequeño, completo con organismos y entorno. Ese pequeño mundo —cada ser humano— anida dentro

del más grande Entorno del Ser, que al mismo tiempo contiene e imita.
Nuestros cuerpos están compuestos por la materia de las estrellas y los minerales de la Tierra. Nuestra sangre corre con la sal de los mares, y nosotros mismos somos planetas vivientes para miles de millones de pequeños seres, microorganismos y quién sabe qué más. Nuestros genes son universos en sí mismos, codificados con suficiente información para recrear el mundo. Nuestras células contienen los recuerdos de todas las cosas pasadas: el nacimiento de estrellas, la llegada de la vida, la experiencia de ser pez y anfibio, reptil y primer mamífero, mono y humano, y la tentación que ahora nos llama desde el otro lado del horizonte para que entremos en nuestra siguiente fase de ser.
Quizá, entonces, sea la «naturaleza que yace en el interior» —el espejo interior de la Gran Naturaleza que empuja al universo en su viaje evolutivo— ese «aquel» que nos llama para ser más de lo que jamás pensamos que podríamos ser. Los físicos conocen esta fuerza como la «extraña atractriz», el principio universal por el que la creciente complejidad produce belleza. En términos humanos, es nuestra tentación hacia un destino que está más allá de nuestro conocimiento actual.
Aquello que llamamos Dios puede que tenga planes mucho mayores para nosotros que los que alguna vez imaginamos. Desde luego, disponemos de la libertad para aceptar o rechazar esos planes. Podemos elegir cocrear con el Creador o negarnos nuestra herencia y dejar que nuestras vidas vayan dando tumbos hasta que se terminen.

Todos conocemos casos de vidas que parecen desenchufadas, desconectadas de todo lo que les brinda existencia, vitalidad y sentido. Tal vez incluso nosotros hayamos llevado ese tipo de vida. No es que estemos realmente aislados de la Fuente. Sólo se trata de que hemos vivido como si ése fuera el caso, hasta que alrededor de nuestra conciencia crece una fortaleza de olvido.

Nuestra responsabilidad —nuestra capacidad para responder a los desafíos que se nos presentan, nuestra *capacidad de respuesta*— es volver a conectar con la Fuente mayor que a veces somos capaces de adivinar. Cuando lo hacemos, conectamos otra vez con la energía y el plan para nuestra vida mayor y todo lo que ello implica.

Esa reconexión significa tender caminos hacia la Fuente de cualquier modo que sea adecuado para nosotros: meditar, rezar, bailar con exuberancia, caminar por el bosque. Somos tan distintos como copos de nieve, y el camino que tomamos hacia la Fuente lo refleja. Vivimos en lo que quizá sea la primera época en la historia en que la gente es libre para explorar su propio sendero. Pero como el camino nuevo que se abre en el bosque, el sendero que elegimos debe ser recorrido a menudo para que resulte de utilidad y nos sea conocido.

Ir a la iglesia cada domingo es una antigua forma de volver a conectar con la Fuente de manera regular, para que un espíritu dominical impregne todos los días de la semana. El budismo le enseña a la gente a aplicar las percepciones obtenidas mediante la meditación en cada acontecimiento y encuentro corrientes. Los sufíes aprenden a habitar reinos interiores —el *Alam al Mithal*—, para poder llevar al mundo exterior lo que allí encuentran. Con el tiempo, los mundos interior y exterior son reconocidos como partes inseparables de la Única Realidad en la que vivimos, nos movemos y tenemos nuestro ser. En la actualidad se dispone con facilidad de éstos y otros muchos caminos hacia la sabiduría tradicional en libros, seminarios y retiros. Con semejante proliferación de riquezas, algunos nos dejamos seducir con presteza para convertirnos en diletantes espirituales, disfrutando de los primeros platos sin llegar a tomar jamás una comida completa del alimento sagrado.

Todos conocemos a «compradores espirituales» que se abren paso por un supermercado lleno de elecciones tradicionales y no tradicionales: una misa católica aquí, un pabellón para sudar de los nativos americanos allí, un baile sufí, un estudio de la cábala con un rabino, un *danshan* de un guru hindú, algunas sesiones con un analista jungiano y un retiro de meditación con un lama tibetano. ¡Y siguen ansiosos!

Es importante investigar las formas y prácticas de la vida interior, pero en cuanto descubráis lo que de verdad os atrae hacia la Fuente, deberíais poner todo vuestro empeño para explorarlo durante un tiempo. El crecimiento real acontece ahondando en un camino espiritual auténtico y aferrándose a él con sus recompensas y dificultades, no recogiendo polen espiritual como una abeja caprichosa.

Sean cuales fueren vuestras predilecciones y disposiciones, ya vengáis del Sudeste Asiático o de

Texas, sin importar vuestra cultura y profesión, en las exploraciones que se exponen a continuación encontraréis medios y métodos que os conduzcan a la Fuente. Aunque no son un sendero espiritual en sí mismas, estas excursiones al interior de vuestro ser pueden ayudaros a descubrir el camino que sea auténticamente vuestro o a conectar de forma más honda con el sendero que ya habéis heredado o elegido.

Volver a conectar con la Fuente no tiene por qué ser un proceso misterioso. Permitid que os dé un ejemplo cotidiano. Hace poco tuve que renovar y actualizar mis códigos de acceso en el receptor de la antena parabólica de mi casa. Si no hubiera instalado códigos nuevos, los cientos de canales de televisión que pasan por las ondas se habrían bloqueado y yo sólo vería siete canales.

Cada uno de nosotros tiene códigos de acceso a las muchas cadenas de nuestro ser. Nuestra tendencia es olvidar actualizarlos y a sintonizarnos día tras día con los mismos y viejos programas. Sin embargo, las ondas de realidad que se mueven por nosotros están llenas de historias e ideas extraordinarias, incluso se conectan con el Programa definitivo, el mayor espectáculo del universo. Cuando renovamos los códigos de acceso, la estática se desvanece, recibimos mensajes de la Fuente y se nos devuelve y codifica para la vida que teníamos que llevar.

El mundo interior, que contiene estos códigos, ha recibido muchos nombres. Santa Teresa de Ávila lo llamó el Castillo Interior. El monje y místico trapense Thomas Merton habló de la Montaña de Siete Niveles. Los psicólogos hablan del inconsciente personal y colectivo. Si sois más propensos a la informática, podéis pensar en él como el gran metaordenador interior. En *El Mago de Oz*, Dorothy lo llama «nuestro propio patio».

Los meditadores y místicos, los sanadores, visionarios y creadores de todas las tendencias siempre visitaron las maravillas del espacio interior. Nuestra eterna fascinación por los sueños es testigo del poder de las imágenes interiores para entretener e informar. Imaginad, entonces, cuánto más útil será aprender modos de explorar nuestra geografía interior mientras estamos despiertos y conscientes.

En la casa de mi Madre/Padre hay muchas moradas. El crecimiento requiere que mantengamos habitaciones que en su mayor parte han permanecido deshabitadas por nuestra mente consciente.

Hay tantas realidades en el interior que sería imposible explorarlas todas en este libro. Para avivar vuestro apetito por la aventura interior nos concentraremos en los cuatro niveles principales que he descubierto que están presentes siempre que he sondeado la psique humana: el sensorial, el psicológico, el mítico y el espiritual.

Aunque los detalles del mundo interior varían en contenido y énfasis de una cultura a otra, sus rasgos principales y temas básicos son similares. En los talleres que he llevado a cabo por todo el mundo, la gente ha usado estas técnicas sencillas para obtener pasión por lo posible y comprometerse más en la realización de un mundo mejor.

Una mujer brahmán en la India empleó estos métodos para establecer un centro en que las mujeres

Shudra (la casta conocida como los Intocables) aprendan oficios y consigan autoestima y un empleo provechoso. Una mujer tejana inspirada por esta obra creó lo que ella llama un «Árbol Oyente», donde la gente es oída en profundidad y luego guiada para convertirse en mucho más que lo que creía ser. En Birmania, un sacerdote católico y un monje budista con los que he trabajado han unido sus fuerzas para tratar de crear una sociedad más libre.

Podéis variar las técnicas que os ofrezco de acuerdo con vuestras creencias y preferencias. En toda mi obra la ley es «sed creativos». Encontrad modos mejores y nuevos de realizar el proceso que sugiero. Vuestra sabiduría interior sabe cómo hacerlo. Haced que mis métodos sean vuestros.

Algunos de los que aporto os parecerán muy conocidos. Otros tal vez os resulten extraños. Lo único que hace falta es que imaginéis lo más vívidamente posible las experiencias y sensaciones que os indico. Asimismo, os pido que mientras leéis llevéis a cabo un esfuerzo especial para centrar vuestra atención y concentración.

A medida que las palabras de la página os guían en este viaje interior, quizá en ocasiones os resulte de utilidad cerrar los ojos después de haber leído una sugerencia, de forma que podáis explorar con más detenimiento el reino que estáis investigando. No tardaréis en aprender a manteneros tan atentos en el mundo interior como a menudo lo estáis en el exterior.

Desde luego, también podéis mantener los ojos abiertos en todo momento. Intentadlo de ambas maneras para ver cuál es la que mejor os va. Aunque no experimentéis de inmediato el mundo que os estoy describiendo, actuad como si lo hicierais. Con frecuencia eso os servirá para alimentar la bomba de la imaginación.

¿Listos? Empecemos.

Os pido que imaginéis que subís por un sendero en forma de espiral por una montaña pequeña. Oléis los pinos, sentís el crujido de las hojas y de las agujas bajo los pies. Oís el trinar de los pájaros a vuestro alrededor y el susurro del viento entre los árboles. Vislumbres de un cielo azul y motas de luz irrumpen a través de las aberturas de las copas de los árboles. Una corriente fría y transparente baja por la colina, y recogéis un poco de agua en la mano para saciar la sed.

Prestándole una atención completa a ese entorno, seguís subiendo por el camino que os conduce montaña arriba.

Ahora oís un chillido poderoso, alzáis la vista y veis un águila que vuela en lo alto aprovechando las corrientes de aire. Lo tomáis como una buena señal, y aunque quizá empecéis a cansaros, seguís ascendiendo sin parar, arriba y arriba, siguiendo el camino en espiral por la montaña.

Llegáis a la cima, donde la montaña se estrecha casi por completo. Ahí descubrís sobre el suelo una tabla plana de piedra con símbolos grabados en su superficie. Quizá ahora no sean legibles, pero tal vez más adelante os transmitan un mensaje. Os parece que la tabla cubre algo. Con esfuerzo, la levantáis y la hacéis a un lado.

Entonces veis una entrada al interior de la montaña, apenas lo suficientemente ancha como para pasar por ella. Entráis y casi de inmediato os encontráis en otro camino que baja y gira por el interior de la montaña. Aunque es un lugar extraño, no tarda en resultaros muy familiar. Así debe ser, pues se trata del hogar para todo lo que sois o podríais ser.

A pesar de que reina la oscuridad, una luz sutil emana de las paredes, permitiéndoos ver. Al continuar sendero abajo, os dais cuenta de que hay una puerta en la pared, la primera que habéis visto. Una lustrosa placa lustrosa de latón la identifica como la puerta que da al Reino de los Sentidos.

Os acercáis más, atraídos por los olores interesantes que parecen emanar de la puerta: canela y lavanda y palomitas de maíz con mantequilla derretida. Notáis que los paneles de la puerta están hechos de distintas delicias sensoriales. Una es una golosina de chocolate. Si queréis, coged un poco con la mano. Otra es un popurrí de texturas interesantes: terciopelos y sedas y la corteza de un árbol. De otra parece venir el sonido de un grupo de rock.

Por supuesto, estas sensaciones son sólo sugerencias. Vuestra puerta sensorial puede estar compuesta por otros sabores, sonidos, visiones y olores distintos. Ahora abrámosla y averigüemos qué hay en su interior.

¡Un impacto de color! ¡Cascadas de sonido! Cada sensación es tan fresca que parece que caminarais por el mundo el primer día de la Creación. La música huele a flores. Los aromas os abrazan. Hay fragan-

cias que serían jardines, sinfonías de perfumes y especias.
Conocéis cosas de formas que nunca antes habíais conocido. Al mirar el verticilo de una flor, bajáis por la espiral de su crecimiento hasta su semilla original. Tocad un árbol y sentid a través de los dedos su presencia viva, la fotosíntesis en sus hojas, la lenta penetración de sus raíces.
Aparece una bandeja con exquisitas copas de cristal. Cada una está llena con un líquido que brilla con un color particular. Cada color es la misma esencia de sí mismo. Mientras bebéis el elixir de las copas azul, amarilla, verde, púrpura, naranja y violeta, experimentáis qué se siente al ser esos colores, ser el azul, el amarillo, el verde, el púrpura, el naranja y el violeta.
Mientras camináis, descubrís que os habéis vuelto más flexibles. Os movéis con fluidez y gracia, pues cada músculo, articulación y célula han recordado su forma óptima. Os sentís encantados de estar en vuestro cuerpo.
Sois atraídos hacia todo lo que yace ante vosotros, bandadas de maravillosas mariposas de color naranja y negro e inmortales sauces, una roca antigua, un arroyo borboteante, una vid con exuberantes uvas púrpura. A vuestro alrededor hay una luz amorosa, y esa sensación de amor se refleja en todo lo que experimentáis: un crepúsculo brumoso, la negrura de las semillas en la carne de la sandía, el olor salado de la brisa marina.
Cerrad los ojos y poneos en contacto con el mundo del recuerdo y la imaginación sensoriales que

hay en vuestro interior. Tomad otros senderos, probad escenas nuevas y viejas, descubrid las deliciosas maravillas que os aguardan allí. Una cualidad especial de la felicidad surge de descubrir el vasto mundo sensorial que podéis visitar sin tener que ir a ninguna parte en absoluto.

Es el momento de pasar a otro nivel del mundo interior. Sin embargo, debéis saber que siempre que lo deseéis podéis regresar al reino sensorial y explorarlo más. Pero marchémonos por ahora, retornando por la puerta sensorial y cerrándola detrás de nosotros.

De nuevo en el sendero en espiral, rozáis las paredes con las manos extendidas mientras tanteáis vuestro camino, más y más hondo en el interior de la montaña.

De pronto veis un destello de luz. Hay otra puerta ante vosotros. Su superficie brillante es un espejo. Es la entrada al Reino de la Psique, el nivel psicológico, el mundo de la memoria y el sentimiento individuales y colectivos.

Os acercáis. Al principio el espejo parece bastante corriente, pero luego el reflejo se disuelve y veis imágenes de vosotros mismos a diferentes edades: de bebés, de niños, de adolescentes, a vuestra edad actual e incluso mucho más viejos que ahora.

El espejo se opaca y vuelve a aclararse.

Ahora os veis en otras épocas de la historia, quizá incluso con otras formas corporales: Un esquimal cerca de un iglú. Una mujer africana alta con una jarra grande de agua sobre la cabeza. Un príncipe renacentista en la corte de los Médici. Un guerrero samuray. Una sacerdotisa egipcia con una túnica de lino y peluca negra. Un beduino encapuchado, el rostro embozado para protegerse de la arena del desierto. Una mujer pionera en una carreta cubierta.

Seguid mirando el espejo para ver qué figuras emergen para vosotros...

Ahora abrís la puerta con espejos y entráis. Un poco más adelante en el camino, os topáis con un estanque tranquilo rodeado de follaje. Es el estanque de la memoria. De las aguas surgen recuerdos de la infancia: comidas predilectas, amigos, juegos, viajes, fiestas, padres, maestros, mascotas. Recuerdos de tiempos posteriores en vuestra vida: la primera vez que hicisteis el amor. Una fiesta reciente para festejar el nacimiento de un hijo. Un trabajo o empresa nuevos. Un momento en que superasteis lo que creíais que podíais hacer.

Recogéis un guijarro y lo tiráis al estanque. Aparece un círculo que muestra una escena de vuestra infancia, quizá el momento en que leísteis la primera palabra. Los anillos en expansión revelan el impacto que aquel instante tuvo en el resto de vuestra vida.

Arrojad otro guijarro y observad el efecto de las ondas de un incidente de otra época de vuestra vida. Otro guijarro, otro incidente.

Los anillos ahora se cruzan entre sí y empezáis a sentir la interconexión existente entre los acontecimientos de vuestra vida. Puede que comencéis a ver vuestra historia personal como una serie de patrones o ritmos que se enlazan. Descubrir los patrones que son únicamente vuestros es una clave que abre muchas posibilidades. Con esta perspectiva, os resulta más fácil tomar el timón y dirigir vuestra vida hacia patrones que os aporten más júbilo que pesar.

En el reino psicológico, el pasado jamás está terminado y el presente nunca es fijo. Aquí incluso podéis embarcar en una especie de viaje temporal, yendo atrás y adelante en el tiempo para curar heridas viejas y transformar los obstáculos en oportunidades.

Como el relampagueo de un pez dorado bajo el agua, un recuerdo cobra conciencia... una época en la que de verdad os hacía falta un buen amigo o un consejero. Os veis más jóvenes que ahora, de niños, quizá, necesitando comodidad o capacitación. Ya podéis alargar la mano hacia el niño y ofrecer la amistad y el reconocimiento que tanto habrían significado para él.

Sabiendo que podéis regresar al estanque de la memoria en cualquier momento, dejadlo ahora y empezad a caminar por la oscuridad del bosque.

Llegáis a un gran claro donde de nuevo hay luz. Entráis en el círculo de unas personas amistosas. Aunque quizá no las hayáis visto nunca antes, parecen curiosamente familiares. Ello se debe a que son aspectos de vosotros mismos. Podéis llamarlas la tripulación interior. Se han reunido aquí para ofreceros la oportunidad de aprovecharos de sus talentos y dones.

Mirad en derredor del círculo y ved quién está. Uno podría ser un sanador, una persona que sabe mucho sobre cómo poneros y manteneros sanos. Tal vez también haya un cocinero, y un contable, un atleta y un mecánico.

Tenéis una tripulación grande dentro de vosotros, y entre ellos está quien paga las facturas, el trabajador incansable, el que sabe cómo relajarse, el cariñoso, el que es capaz de sentir una cólera justa, el aspecto masculino y femenino de vosotros, el payaso, el niño, el anciano sabio, el héroe o la heroína, el activista social, el meditador, el escritor y el inventor.

Incluso tenéis un sacerdote o una sacerdotisa en el interior y también a alguien con el don de la amistad y la relación, uno que sabe cómo emplear el tiempo, uno que posee el don del despertar espiritual. Cada uno de esos yo espirituales se adelanta ahora y os estrecha la mano u os abraza y os cuenta qué don os trae.

A medida que cada uno os toca, sentís la carga del regalo único de ese yo: un calidoscopio de genio, secuencias de poder.

«Todas estas capacidades son vuestras», os dicen.

«Pero, ¿y qué pasa con las cosas que no puedo hacer?», preguntáis. «Como pintar, construir una casa o escribir poesía?»

«Si deseáis estudiar esas cosas», surge la réplica, «invocad al maestro constructor, al poeta o al pintor que tenéis dentro para que os ayude. Vuestros estudios irán más allá y más deprisa que lo que podrías imaginar.»

De pronto, sois conscientes de una presencia que todos los otros yoes consideran con reverencia y respeto. Ese ser se parece a vosotros, pero es un yo que ha evolucionado y se ha convertido en todo lo que podríais ser. A veces esa presencia recibe el nombre de Daimon, la inteligencia activa que guía vuestra vida. Podéis pensar en él como vuestro Yo Esencial. Cuando establecéis de manera consciente una relación íntima con esa presencia, vuestra vida cobra objetivo y energía. Sabéis qué tenéis que hacer en este mundo.

Con una mirada larga de profunda apreciación ante ese ser maravilloso y el juramento susurrado de volver a encontraros pronto, dais la vuelta y os marcháis del claro, siguiendo el sendero de regreso a través del bosque.

Sabiendo que hay muchas más maravillas que explorar en el Reino de la Psique, lo dejáis por ahora y cerráis la puerta de espejos a vuestra espalda.

Una vez más os encontráis en el sendero en espiral que os conduce montaña abajo. Descendéis, más confiados ya, hasta que llegáis a una pesada puerta de madera con símbolos ingeniosamente grabados: una Cruz y la Estrella de David. El círculo medio negro y medio blanco del Yin y el Yang. Los escudos pintados de los pueblos nativos americanos.

Es la puerta que da al Reino del Mito y el Símbolo, y esos símbolos representan los mitos y las historias de muchas culturas y épocas. Notáis la curiosa cruz llamada Ankh, el símbolo de la vida para los antiguos egipcios, y la Media Luna y la Estrella del Islam.

Abrís la puerta pesada y entráis en una tierra de fantasía de la mente. A vuestro alrededor hay personajes salidos de los cuentos de hadas que representan sus historias. Ahí está Blancanieves y los Siete Enanitos. Hansel y Gretel entran en una casa de caramelo y pan de jengibre. Aladino va en busca de aventuras con su lámpara mágica. ¿Esos que pasaban por ahí no eran Dorothy, el Espantapájaros, el Hombre de Lata y el León?

A medida que os adentráis en este reino, dejáis la tierra de fantasía y penetráis en la del mito. Veis a un grupo de dioses griegos de celebración en el Monte Olimpo. La diosa egipcia Isis busca a su esposo perdido, Osiris. El Buda está sentado en meditación bajo el árbol bodhi. Sir Perceval busca el Santo Grial. Odiseo elude al Cíclope.

Aquí están los grandes y sabios personajes femeninos del mito: Afrodita sale del mar en la concha, trayendo amor al mundo. La Mujer Búfalo Blanco le regaló a los pueblos americanos nativos alimentos y ceremonias. La diosa china Kwan Yin enseña compasión.

Aquí están también los personajes y acontecimientos de los nuevos mitos emergentes: Luke Skywalker y la princesa Leia, de *La guerra de las galaxias*, luchan contra las fuerzas oscuras del imperio.

En la lejanía hay una niebla remolineante que rebosa de formas en constante cambio. Ahí cobran vida los mitos nuevos. Una presencia cargada os tienta para que avancéis hacia ella. Es el Daimon, vuestro yo esencial, la presencia que os guía en la vida. Entráis en la niebla y la presencia se vuelve más poderosa. Aunque no oís nada, comprendéis que se os abrirán poderes nuevos si aprendéis a ver vuestra propia historia como un mito.

De pronto os encontráis en un viaje mítico. Comienza cuando os sentís llamados por Alguien o Algo para abandonar vuestra vida antigua y viajar a un lugar nuevo. Todas vuestras tácticas habituales de demora se elevan para evitar esa llamada. «No estoy listo.» «Tal vez cuando los niños hayan crecido.» «Cuando tenga dinero suficiente.» Pero de algún modo halláis la firmeza y dais el primer paso.

No tarda en aparecer un aliado... quizá un animal que os acompañe y proteja. ¿Un oso? ¿Un león? ¿Un perro? Juntos llegáis a un puente que debéis cruzar. Es el umbral al reino del poder amplificado, y está guardado por un monstruo que no os dejará pasar. Es fiero, y os recuerda a fuerzas en vuestra vida que os mantendrían enganchados a los viejos estilos de ser. Vuestro amigo animal ladra o gruñe, dándoos ánimo. En vez de retroceder, os enfrentáis al monstruo con una canción, una pregunta, una broma, un acertijo. Parece sorprendido, luego sonríe y os invita a cruzar el puente y a seguir el viaje.

Seguís andando hasta llegar a una pirámide. Abrís una puerta que hay en la base y seguís un largo sendero ascendente que da a una cámara donde hay un sarcófago vacío: el ataúd del rey. Algo os impulsa a tenderos en él. Estáis solos, alejados de todo lo que os ha proporcionado gozo. Pero sabéis que esa tumba también es un útero del que naceréis a una vida más rica y compleja. Finalizada vuestra gestación, os levantáis y continuáis el viaje.

Ahora se os une un aliado nuevo, una persona especial procedente del mito o la leyenda con poderes milagrosos, que se hace vuestro amigo y guía. Juntos os enfrentáis a grandes desafíos y peligros. ¿Curáis a un rey, matáis a un dragón, rescatáis a un príncipe o a una princesa cautivos, recuperáis un tesoro perdido u os enfrentáis a aventuras propias? Cada reto os deja con poderes y fuerzas nuevos.

Tras muchos esfuerzos y triunfos, llegáis al punto más alejado y profundo del viaje. Una figura majestuosa os llama con gestos. Es vuestro padre superior, el ser de sabiduría que sabe quiénes sois de verdad y fomenta vuestro mejor destino. Mientras os arrodilláis para recibir una bendición, os sentís reconciliados con todas las autoridades en vuestra vida.

Dais la vuelta para encontraros al fin con el Amado del Alma, vuestro ángel, vuestra divina otra mitad, la pareja espiritual de vuestra vida. En el abrazo del Amado, se ven realizados todos los anhelos y conocéis las maravillas del amor incondicional. El Amado os da un regalo, una idea nueva o una cualidad que puede cambiaros la vida con consecuencias milagrosas para vosotros y el mundo en el que vivís.

Y así, junto con vuestros aliados, retornáis por el umbral del poder amplificado. Aunque vuestros aliados se marchan al llegar a la entrada de vuestro mundo cotidiano, os hacen saber que a partir de ese momento viven para siempre en vuestro interior para brindaros protección y guía.

También sabéis que las aventuras vividas os han dado cualidades nuevas de coraje y dominio sobre vuestra existencia, modos nuevos de ser y de hacer en el mundo. Regresaréis a la vida corriente bendecidos y con dones, listos y preparados para marcar una diferencia.

Estáis listos para abandonar el Reino del Mito, sus personajes y aventuras. Cerráis la puerta tallada con símbolos, y una vez más, descendéis por el sendero en espiral que os hace bajar alrededor del interior de la montaña. En esta ocasión el viaje descendente necesita mucho más tiempo, y en el camino hay bastantes más giros.

Por último, llegáis ante una puerta que parece ser una cortina de resplandeciente agua. Es la entrada al Reino del Espíritu. La cruzáis y notáis en el acto una profunda diferencia. Tenéis la ropa inmaculada y la mente despejada como el cristal. Aunque estáis empapados, os sentís limpios tanto por fuera como por dentro.

Purificados y refrescados, giráis para echarle un vistazo a la puerta de agua y sólo contempláis luz. Ciega vuestros ojos e ilumina todo vuestro ser. Ahora la luz brota también de vosotros, y conocéis la luz que es amor, que es luz, que es amor. Los viejos candados en vuestro corazón se rompen, y desde el centro de vuestro ser se difunde una ternura que abarca todo lo que veis en amorosa comunión.

Y veis todo. Oís todo. Parece que os volvéis todo. Es como si hubierais regresado y pudierais recibir las maravillas de la Creación en todas sus formas.

Sentís una expansión, una amplificación, y con ello una disolución de los límites de vuestro yo local. No obstante, y al mismo tiempo, más que nunca sois lo que realmente sois.

Una energía que es la misma Creación se mueve por vosotros. Es como si hubierais viajado en la Mente de Dios y arribado al Estado de Gracia.

¡Todo está ahí! Las cosas que habéis conocido en la vida se experimentan en la plenitud de su perfección. El queso es un queso perfecto. La música es la melodía de la vida. Un amigo es el compañero del alma.

Pensad en comienzos, y estáis presentes en el nacimiento de un niño y en el de nuestro universo.

Pensad en puntos medios, y sois testigos del crecimiento del niño a la madurez, del movimiento de los átomos, las estrellas y los planetas, de la evolución de la vida en su multitud de formas. Pensad en finales, y sois testigos de la muerte y de nuestra transición a otra forma y de cómo la desaparición de las estrellas se convierte en energías nuevas.

Pensad en conexión, y sabéis cómo todo está relacionado —el queso, la melodía, el amigo, la estrella, la estrella de mar en la playa, la mujer que pasa a vuestro lado en la calle, el destello del polvo flotando en el último rayo del sol—, cómo todo forma parte de la sinfonía de la vida en la que cada parte forma parte de otra y parte del todo.

Ahora comprendéis la revelación mística: «Cada criatura es obra de Dios y un libro sobre Dios.» Y sabéis que sois una palabra de Dios y que en vuestro interior está el libro de Dios listo para ser leído.

Lo que se eleva de vuestro corazón son alabanzas. Alabanzas a las estrellas, al maíz nuevo, al niño, al cuerpo que habitáis, a los regalos que habéis dado y recibido. Alabanzas a la luna de noche y al sol de día. Alabanzas a aquel que os ayuda y al que no. Alabanzas al misterio de vuestra vida, a la eventual muerte. Alabanzas a todo lo que es, fue y será.

Por último, entráis en un santuario donde reina una paz y un silencio perfectos, un silencio tan lleno que os convertís en el propio silencio, el Todo, y sabéis que habéis regresado al Hogar junto al Único. Y ahí descansáis...

Cuando sintáis que es el momento, os levantáis para iros, confiados en el conocimiento de que podréis retornar a este reino siempre que lo deseéis, porque ahora conocéis el camino.

Saliendo de vuelta por la puerta del agua espiritual, subís por el camino empinado que asciende alrededor del interior de la montaña. Pasáis por la puerta tallada con los símbolos míticos y la puerta de espejos del mundo de la memoria. En la suave luz percibís la dulzura del chocolate cuando atravesáis la puerta de los sentidos.

Una vez más os halláis en la cima de la montaña. Colocando de nuevo en su sitio la tabla de piedra, os encontráis bajo el cielo abierto. Mientras bajáis por el sendero en espiral, el olor de los pinos hormiguea en vuestra nariz con un frescor más penetrante, y os regocijáis con el viento que alborota vuestro cabello. Vuestra visión también es más aguda y distingue tonalidades nuevas de verde, marrón y gris en los árboles que dejáis atrás. En la base de la montaña, un águila os observa con fría benevolencia desde la copa de un árbol. Lo saludáis y sabéis que habéis retornado de una aventura extraordinaria.

Disfrutando del mundo sensorial

Había una vez una mujer que carecía de vista y de oído. A pesar de ello, se convirtió en un genio sensorial. Explicaba el rosa como «la mejilla de un bebé o una suave brisa sureña». El gris para ella era «como un chal suave alrededor de los hombros». El amarillo era «como el sol. Significa vida y es rico en promesas». Conocía dos tipos de marrón. Uno era «cálido y amistoso como el mantillo». El otro era «como los troncos de los árboles viejos, con agujeros abiertos por los gusanos, o como las manos marchitas».

Las casas eran capas de vida aromatizadas por sus historias. Reconocía una antigua casa de campo porque «tiene varias capas de olores que han dejado sus sucesivas familias, plantas, perfumes y tapicerías». Los olores también le hablaban de la gente a la que conocía. «En el olor de los hombres jóvenes», dijo, «hay algo elemental, como de fuego, de tormenta y de mar salado. Palpita con vigor y deseo».

Cuando se le preguntó qué sabía de las ciudades, pintó un retrato sensorial vívido. «Calles largas. Pies moviéndose, olores procedentes de las ventanas, tabaco, pipas, gasolina, frutas, aromas, un nivel tras otro de olor. Automóviles. Un zumbido que me hace temblar, un retumbar.»

¿Quién era esta mujer de sentidos múltiples? Se llamaba Helen Keller, y con ocho años tuve el extraordinario privilegio de hablar con ella mientras me leía los labios con la mano. «¿Por qué eres tan feliz?», espeté con la honestidad brutal de una niña. Mi pregunta le hizo gracia, y me contestó con su voz extraña y misteriosa: «Porque vivo cada día como si fuera el último. Y la vida, en todos sus momentos, está tan llena de gloria.»

¿Era una persona discapacitada Helen Keller? Técnicamente, sí. Esencialmente, no. Había vuelto a tejer los filamentos de los sentidos que le quedaban hasta convertirlos en una red capaz de capturar el mundo y a sus criaturas. Los conocía con una intimidad y precisión tales que hacían que su mundo fuera glorioso. Con esa gloria sentía la pasión de llegar a los sordos y los ciegos, a las minorías y a los pobres. Su sensibilidad por la justicia y las necesidades sociales eran agudas, quizá más debido a sus sentidos recién adquiridos.

En algunos aspectos, todos somos Helen Keller. Pocos hemos escapado de una mutilación grave. Nuestros sentidos han sido cerrados. Se nos ha enseñado a valorar los conceptos por encima de los preceptos, las abstracciones por encima de la fecundidad o el conocimiento sensorial directo. A diferencia de Helen Keller, casi todos hemos aceptado nuestras limitaciones y llevamos vidas mucho menos jugosas y útiles que lo que podrían ser.

¿Podemos, como Helen, trascender nuestras discapacidades y curar la traición de nuestra vida sensorial? ¿Podemos, como Helen, penetrar más hondo en ese vasto almacén de modos alternativos de conocimiento y traer modos nuevos de saborear la exuberancia y la gloria del mundo físico? ¿Podemos, como Helen, inspirarnos en nuestros sentidos para percibir los problemas del mundo con tanta fuerza que nos induzca a entrar en acción para solucionarlos?

No hay duda de que nuestro conocimiento principal del mundo procede de la experiencia sensorial y física. En la infancia nuestros sentidos son agudos... qué verde es la hierba, qué fresco y dulce el helado, qué cosquilleante una carrera descalzos por el prado. El gran poema de Wordsworth, «Atisbos de inmortalidad por recuerdos de la primera infancia», celebra el resplandor sensorial de la infancia:

*Hubo un tiempo en que prados, bosquecillos y arroyos,
la tierra y sus visiones cotidianas,
todo me parecía
con luz celeste ornado,
con el frescor y la gloria de los sueños...*

Cuando crecemos, se lamenta Wordsworth, la frescura y la divinidad del mundo se ocultan a nuestra percepción directa, y «nada puede devolvernos las horas de esplendor en la hierba y de gloria en la flor».

Pero abrazada de otra manera, la madurez puede significar que nuestra capacidad para una celebración gloriosa de los sentidos es mayor. La madurez trae consigo el potencial de apreciar el amor erótico y el gozo estético, un sentido de las sombras para enaltecer la luz del sol, la pasión, la paradoja, la inteligencia contemplativa... toda la comedia y tragedia humanas.

Recuperar el uso pleno de los sentidos en la edad adulta requiere algún esfuerzo por nuestra parte, pero el afán está lleno de deleites. ¿Cuántos titubearíamos si nos pidieran que probáramos, tocáramos, oliéramos, viéramos y sintiéramos todas las cosas maravillosas que pudiéramos?

Además, podemos enfocar nuestra tarea con el conocimiento de que a medida que despertamos nuestros sentidos, activamos la capacidad de pensar, sentir y entender las cosas de múltiples formas. Enriquecemos nuestros conceptos y tendemos senderos nuevos para apreciar el mundo a nuestro alrededor y dentro de nosotros.

Dejad que os demuestre lo que quiero decir. Ahora mirad en derredor del lugar donde estáis sentados, y tomad nota de algún objeto. Puede ser cualquier cosa, pequeña o grande, familiar o desconocida: una planta en una maceta en el alféizar de la ventana, un cuadro en una pared, el juguete de un niño, la casa de enfrente, el diseño del techo. Volveremos a este objeto en un momento.

Mientras leéis, permitíos imaginar con la máxima viveza estas experiencias sensoriales:

- Retorcer los pies en arena caliente y escuchar el ritmo de las olas del océano.
- El sabor de albaricoques frescos.

DISFRUTANDO DEL MUNDO SENSORIAL 57

- El olor del pan recién horneado.
- Un beso tierno de buenas noches.
- El sonido de caballos al galope.
- Dar vueltas sobre un montón de hojas otoñales recién caídas.
- Estar de pie en la noche fuera de una iglesia bajo una suave nevada escuchando el ensayo de un coro del Mesías.
- Hacer manitas en un cine.
- Que un cachorrito te olfatee y lama la mejilla.

Ahora tomaos un momento para cerrar los ojos y recordar otros placeres físicos predilectos, rememorando las sensaciones como si volvierais a experimentarlas en este instante... Cuando abráis los ojos, volved a mirar el objeto en que os fijasteis antes. ¿Qué notáis acerca de su color, de su forma, del modo en que captura la luz, de vuestro sentido de su profundidad y peso? El mismo recuerdo de las cosas que nos han deleitado puede activar la agudeza sensorial.

¿Recordáis nuestro viaje a los cuatro niveles del yo en el capítulo anterior? Ahora vamos a ahondar más en el reino sensorial, con la conciencia plenamente entregada a cada sensación deliciosa. Vuestra visita será más provechosa si utilizáis la memoria sensorial para imaginar con la máxima vivacidad las experiencias que os sugiera. Ello reforzará los músculos de vuestros sentidos imaginativos interiores.

La gente más consistentemente creativa que conozco ha dedicado mucho tiempo y meditación a desarrollar sus sentidos interiores. La antropóloga Margaret Mead entraba con asiduidad a sus reinos interiores para explorar los temas en los que trabajaba. En una ocasión me describió el proceso que utilizó para escribir un discurso importante sobre los usos humanitarios de la ciencia.

Comenzó visualizando una exposición de arte a la que había asistido en Copenhague, en la que el cuerpo humano recibía un tratamiento grotesco. Ello le recordó los estudios científicos que había leído que reducían la condición humana a gráficos y estadísticas. Luego imaginó a su público de científicos y los vio cerrados al arte y la música, los ojos velados, los oídos tapados. De pronto se sintió llena con los crecientes sonidos de Beethoven y se encontró contemplando las gloriosas figuras del techo de la Capilla Sixtina. Por último, recordó la cara de un amigo de Nueva Guinea, «primitivo» en 1928, un sofisticado intelectual en 1953.

Las imágenes se unieron a las imágenes, las palabras empezaron a formarse, y así se desarrolló un discurso poderoso y complejo. Si una exigente científica como Margaret Mead pudo usar su imaginería y recuerdos interiores para espolear el pensamiento creativo, sin duda nosotros podemos entrenarnos para hacer lo mismo, sin importar cuáles sean nuestros intereses o preocupaciones.

Mientras nos preparamos para entrar en el reino sensorial interior, os sería de ayuda recoger cinco objetos relacionados con los cinco sentidos. Mientras escribo, tengo un gato cerca al que puedo tocar, una pintura sobre lana de un nativo americano para ver, grillos que poder oír, un popurrí de limones, naranjas y limas deshidratados para oler y un plátano para saborear. Tomaos un momento para juntar vuestros materiales sensoriales, y luego empezaremos.

¿Listos? Empezamos del mismo modo que antes, subiendo alrededor de la montaña del yo, oliendo los pinos, sintiendo el crujido de las hojas y de las agujas debajo de nuestros pies. Los pájaros cantan y el viento susurra entre los árboles. El cielo azul y la luz del sol penetran a través de las aberturas en las copas de los árboles.

Repetir los mismos patrones de experiencias imaginativas cada vez que deseamos entrar en los reinos interiores brinda a nuestras mentes una especie de mapa a seguir que, con práctica, se puede usar para viajar rápidamente a los espacios interiores.

De nuevo, llegamos a la cima de la montaña y levantamos la gran losa de piedra que cubre el pasadizo interior. Otra vez descendemos por las escaleras oscuras por el sendero en espiral.

Delante tenemos la primera puerta, la que da al Reino de los Sentidos. Ya podéis olerla. Bollos de clavel y canela caliente. ¿A qué os huele hoy?

La puerta ha cambiado desde la última vez que la visitasteis. Vuestro paladar sensorial se ha vuelto más rico y variado. Una fina telaraña plateada, con gotas de rocío que brillan y están perfectamente definidas, roza vuestras mejillas. Un suculento y jugoso melocotón aterciopelado y madurado por el sol aguarda que lo probéis, y el complejo contrapunto de un concierto de Mozart danza en vuestros oídos. De hecho, Mozart en persona os guiña un ojo desde uno de los paneles, es un hombre pequeño con un traje de seda amarilla con volantes y una elaborada peluca blanca que toca el pianoforte.

Abrís la pesada puerta y entráis en un espacio oscuro y silencioso. La mano de una mujer toca la vuestra. Sus dedos se mueven en vuestra palma en cordial recibimiento, y os acarician como si fueran hojas verdes.

Es Helen Keller, y os invita a acompañarla a un lugar donde reinan los sentidos táctiles. Las yemas de sus dedos transmiten una carga y una potenciación de vuestra propia sensibilidad a la textura. Con un movimiento suave, os indica que deberíais sentaros y alargar las manos para recibir el universo del tacto. Después de cada sensación de toque, imaginad que sacudís las manos y éstas se limpian al instante, quedando frescas y listas para la siguiente sensación.

Aquí hay seda como agua derretida. Sostenerla es como coger nubes.

Aquí hay un gato ronroneante, que mueve unas patas felices sobre vuestras rodillas.

Aquí lana cachemir como el abrazo de vuestra madre.

Aquí, en torno a vuestros hombros, hay un edredón, una elevación de plumas abrazadas en algodón.

Disfrutad de la sensación pegajosa y viscosa de estirar melcocha.

Acariciad el hocico largo y suave de un caballo.

Sentid cómo un arroyo aplana un guijarro.

Entonces Helen os conduce a su árbol favorito. Abrazando la corteza, conocéis las sensaciones del tiempo capturado y de la sabiduría sostenida en vuestras manos.

Helen ahora deposita un único pétalo de rosa en vuestra mano. Su frágil y delicada energía es flexible y suave, como el beso de un bebé.

Ahora vuestras manos se introducen en un barril de patatas fritas. Son crujientes y finas como el papel, con los granos de sal que se aferran a sus superficies grasas y cóncavas. Durante un momento vuestras manos enloquecen y aplastan todas las patatas que pueden.

Ahora sobre vuestras manos vierten miel templada y pegajosa. Al mismo tiempo, en el dorso de ellas os colocan un cubito de hielo. Intentad sentirlos a la vez.

Ahora, en la oscuridad, vienen muchas personas para estrecharos las manos. Un niño coloca la suya en la vuestra. Ahora la mano de un adolescente tímido. Ahora un perro grande extiende una pata. Ahora la mano que estrecha la vuestra pertenece a un hombre que intenta venderos un coche. Ahora es una mujer que solicita un trabajo. Ahora es la mano de un candidato político. Ahora la de un jardinero. Ahora recibís en las vuestras la mano marchita pero fuerte de vuestro abuelo.

Como regalo final, Helen coloca en vuestra mano un montón de arcilla. Sus dedos en los vuestros indican que quiere que la convirtáis en un modelo de vuestras propias manos. Experimentáis el misterio de las manos que fabrican manos, un acto casi divino, la creación en su fase más básica.

En las manos que esculpís hay recuerdos de cosas que habéis tocado y que os han tocado. Porque tocar no sólo es un acto físico; también tiene ideas y sentimientos. Cada sentido que percibís es asimismo una sensibilidad, y nuestros corazones también pueden ser tocados por nuestras manos.

Con la sensibilidad táctil tan activada ahora, reflexionad durante un momento sobre la maravilla de lo que habéis estado haciendo. La piel que damos tanto por hecho es el organismo más grande del cuerpo, un traje espacial para nuestra existencia terrena. Sus miles de millones de terminales nerviosas componen nuestro sentido más primitivo.

Se dice que el tacto es diez veces más potente que el contacto verbal o emocional. Las manos nos sacan del útero, nos guían y nos acarician por el sendero de la vida, y nos llevan a la tumba. Los bebés necesitan del tacto y de ser sostenidos para crecer y desarrollarse. Mecidos y acunados, se vuelven alerta, responden y desarrollan la capacidad para el placer físico y emocional.

También de adultos nuestra capacidad se ve incrementada por un aumento del sentido del tacto. Desarrolladlo, y seréis más receptivos a todas las fuerzas de hormigueos, cosquilleos y caricias que componen nuestra paleta de sensaciones. Desarrolladlo, y ganaréis sensibilidad a las «texturas» emocionales de la vida.

El tacto nos enseña a distinguir entre gente suave y abrasiva. Nos ayuda a aguantar cuando las zonas ásperas dominan nuestro paisaje emocional, y nos invita a no dar por sentados los tiempos sedosos.

Una madre muy cariñosa que conozco ayuda a que sus hijos se enfrenten a los golpes emocionales animándolos a usar palabras de tacto para describir sus interacciones. Mientras cortan y pegan telas, moldean arcilla y erigen construcciones de piedra y arena, hablan sobre cómo poder limar los bordes ásperos de un compañero de clase pendenciero o hacer más soportable el estilo afilado de un maestro. Como formadora de equipos en la vida empresarial, ella utiliza la misma técnica que con los rangos medios.

La práctica habitual forja conexiones entre vuestras capacidades estéticas y vuestros receptores de tacto. ¡No tardaréis en tener una brillantez táctil! Permitid que os ofrezca algunas sugerencias:

- Tomaos algún tiempo para entrar de forma consciente en los toques de las estaciones. Caminad por un jardín en primavera. Dejad que los dedos aprieten con suavidad los capullos en flor, que os hagan cosquillas las velludas aneas, desenredad las frondas de helechos.

- Sed aventureros en la sección de frutas y verduras de vuestra tienda. Tocad las pieles delicadas y las granulosas de la abundancia que ha germinado y brotado en los campos de Israel, Chile y California para vuestra apreciación táctil. Dadles epítetos poéticos: melocotón caprichoso, albaricoque femenino, nabo hosco, ciruela apasionada. Las palabras ayudan a anclar vuestras sensaciones y las estimulan.

- Las tiendas de ropa son lugares maravillosos para continuar con la educación táctil. Visitad la que más os guste para tocar los *tweeds*, abrazar los brocados, vibrar con las sedas y conocer el algodón almidonado bajo sus propias condiciones.

Con tanta alta tecnología que nos rodea, necesitamos mucho más tacto para lograr un equilibrio. Así que agarrad el objeto altamente tocable que elegisteis para esta temporada. Al tocarlo, comprobad si podéis experimentarlo de una forma nueva, como si intentara ofreceros placer táctil. Su superficie se eleva para encontrarse con vuestra mano mientras lo acunáis.

Yo he recogido a mi gatito y estoy disfrutando mucho de acariciar su cuerpo sinuoso. Mientras arquea la espalda en éxtasis, descubro que yo también ronroneo.

Del tacto pasemos ahora a otro sentido vinculado a los placeres básicos. Una vez conocí a un hombre cuya vida parecía estar construida en torno al tema de «yum, yum, yum». Era el gran goloso y escritor culinario James Beard.

Hombre jovial y amplio, Beard tenía una capacidad enorme para el placer. Observarlo oler las rosas era entenderlas. Observarlo comer cochinillo asado, con la salsa chorreándole por la barbilla, significaba ver un gozo shakespeariano. Tenía una de las memorias más completas para los sabores de cualquier ser que haya vivido jamás, y era capaz de reconstruir con la memoria gustativa los detalles de cada buena comida que hubiera degustado.

Mi tía Annette trabajaba en la consulta del cardiólogo de Beard. «No me pienso morir en mucho, mucho tiempo», le comentó a mi tía. «Estoy disfrutando demasiado.» El gusto debe ser terapéutico, pues fiel a su palabra, Beard saboreó la vida hasta los ochenta y dos años. Verdadero habitante del Reino de los Sentidos, sin duda estará allí.

Sí, ahí está, con el delantal blanco de un *chef*, su cara de querubín resplandeciente como la de un bebé adulto mientras os invita a probar los platos que ha preparado, desplegados sobre un centelleante mantel de lino blanco.

Probad cualquier cosa apetecible que queráis de ese banquete. Dejad que los bocados se muevan en vuestro paladar. Junto con el gusto y la textura, saboread el color y la forma de la comida, su energía y luz almacenadas. Los alimentos en última instancia nos los envía el sol, es su interminable regalo. Leed los alimentos que ofrece no sólo como un menú, sino como un festín para los sentidos, para alimentar y desarrollar la imaginación.

Empecemos con las entradas. Primero, corazones de alcachofas, marinadas en aceite de oliva, limón y ajo, con toques de tomillo, orégano y mejorana. Ahora probad pequeños pastelitos rellenos de cangrejo y alcaparras. Potenciadas por el sabor salado de los cangrejos, las alcaparras estallan en vuestra boca, penetrantes y picantes al mismo tiempo. Aquí hay unas tortitas frescas para degustar un guacamole de color esmeralda, sedoso puré de aguacate con un fondo de ajo y cilantro.

Probad ahora tres panes recién sacados del horno. Farináceos bollos de sabrosa masa fermentada. *Challahs* trenzados y dorados, amarillos por el huevo y moteados con uvas pasas. Rebanadas de pan integral crujientes.

¿Qué otro tipo de pan recordáis? El pan es el soporte de la vida, y untado con mantequilla, mojado en aceite o embadurnado con mermelada, dispara nuestros pensamientos a medida que construye nuestros huesos. ¿Es de extrañar que los dioses y diosas de las cosechas estuvieran entre los más venerados en los panteones antiguos?

Una ensalada verde aguarda a nuestro paladar, escarola, lechuga, berros, endibias, hojas que os devuelven el mordisco, adobadas con un simple aliño de aceite de oliva virgen y vinagre balsámico.

Ahora probad algunos de los platos principales. Aquí hay un salmón a la plancha, crujiente por el exterior y esponjoso y rosado por dentro. O elegid un guiso de pollo. Trozos de carne blanca nadando en salsa de crema con dados de patatas, rodajas de zanahoria y champiñones enterrados como tesoros bajo un horneado mantecoso. El tenedor pincha, y un vapor aromático que es la esencia del pollo se eleva para saludar vuestra nariz.

En la cabecera de la mesa Beard trincha un enorme costillar de vaca, poco hecho o en su punto, como prefiráis. Una variedad de verduras adorna el plato, puré de patatas con nata y mantequilla, delicadas lanzas de espárragos verdes, champiñones fragantes con la magia de la tierra y el misterio de los bosques.

¿Qué plato favorito salido del recuerdo os gustaría volver a probar? ¿Vuestra madre pasó horas cociendo una densa y rica sopa de pollo? ¿O vuestro padre pescador traía a casa cestas con truchas para rebozar y freír? ¿Qué plato preparáis cuando sentís ganas de celebrar algo? ¿Qué exquisitez os aporta bienestar cuando os sentís tristes? Probadlo todo ahora.

Espero que hayáis dejado espacio para el postre. Beard extiende su favorito, crema de chocolate con nata batida y un toque de violetas cristalizadas. O quizá una tarta crujiente, rodajas de manzana distribuidas como olas y coronadas con exquisito caramelo. O una tarta de coco, húmeda y resplandeciente como un montículo de nieve recién caída.

Terminad la comida con vuestro postre preferido. Helados de todo tipo. ¿Qué será, vainilla, chocolate, fresa, menta, pistacho...? También hay coronamientos de crema dulce, de caramelo, de arándano, de malvavisco batido, de nata, de nueces picadas, de cereza. Vertedlo todo en una copa grande de cristal e introducid una cuchara plateada de mango largo.

¡Qué bendición que algo tan deleitoso como probar platos maravillosos sea estupendo también para nosotros! Pero así es. Un paladar potenciado es una de las claves de una vida que saborea los variados gozos de vivir.

El gusto nos enseña a buscar lo delicioso en el arte y la música, en los amigos y las ideas. Aumenta la apreciación que tenemos de los sabores dulces, amargos, punzantes y picantes de los ricos alimentos de la vida. Nos motiva a remover la cacerola de la experiencia y a añadir ingredientes nuevos y exóticos. Un saboreador es un creador, un artista sentado a la mesa del festín de la vida. Sentid compasión por los necios que se limitan a una existencia de pan blanco producido en masa.

El elegante escritor francés Marcel Proust se inspiró para escribir *En busca del tiempo perdido* mordisqueando una magdalena. Un sabor salido de su infancia le provocó un torrente de recuerdos que culminaron en una obra maestra.

También para nosotros las comidas están ligadas a la memoria. Los diversos sabores de nuestras vidas tienen historias unidas a las emociones. Para mí, las espinacas activan un sentido de fuerza y de bienestar. De niña siempre asociaba el musculoso vigor de Popeye con comer esas hojas verdes. Al disfrutar de un humeante plato de lasaña soy por completo siciliana. Sus sabrosas capas invocan interminables comidas infantiles con mis parientes mediterráneos.

¿Qué platos os traen recuerdos de acontecimientos y personas de vuestro pasado? ¿En qué legumbres, pescados, aves, carnes o tartas, que son más que simples alimentos, está servido vuestro pasado en una bandeja?

Aquí hay algunos otros modos de aventuraros en el templo del gusto:

- Visitad una tienda de quesos que ofrezca elecciones inusuales. Probad algunos de los curados, pues en el queso, como en la vida, el tiempo aporta sabor y riqueza de existencia. Probad un gorgonzola azul y picante, un cremoso camembert, un mantecoso brie. O saboread distintas muestras de olivas: verdes, marrones, negras, llenas de aceite, acompañadas por pimientos y hierbas picantes.

- Cenad con amigos en un restaurante étnico al que no hayáis ido, saboreando las delicias de una cocina nueva. Convertíos en degustadores multiculturales, y descubriréis que vuestra mente y pensamiento también se ampliarán.

- Haced una comida sencilla en silencio, con atención zen al color, la textura, el aroma, la temperatura y el sabor de cada bocado. Convertid la comida en una meditación cuidada, llevando con sosiego vuestros pensamientos errantes de vuelta a los actos y las sensaciones del momento.

- Hornead pan, reflexionando con cada paso sobre lo que estáis haciendo y qué relación tiene con vuestra vida: colar, agitar, echar levadura, amasar, hornear. Cuando os pongáis a comerlo, tendréis toda una filosofía.

- Leed libros de cocina o revistas de alimentación, e intentad probar mentalmente las recetas que leéis. Luego preparad el plato y comprobad lo cerca que estuvieron los sabores imaginados de los reales.

- La fruta exótica posee la cualidad de llevar los trópicos a nuestras almas. Comprad y probad papayas, mangos y piñas maduras, o cualquier otra que encontréis en vuestro mercado.

- Reunid de vez en cuando a vuestros amigos para preparar una comida en torno a un tema. El amor. La elegancia. La sencillez. El éxtasis. El despertar. Y comprobad qué milagros acontecen.

Coged el objeto que elegisteis para el gusto y probadlo ahora. Dejad que sus sabores y texturas se anuncien en diferentes partes de vuestra boca. Dulce en la punta de la lengua, amargo en la parte de atrás, agridulce en los costados y salado en toda la boca. Sugeríos que a partir de este momento vuestro sentido del gusto se verá incrementado.

¿Listos para hacer algo nuevo? Aquí está nuestra guía para el mundo de la visión, la gran artista estadounidense Georgia O'Keefe. Dama de los elementos, su cara de pionera severa y de ojos afilados parece uno de sus propios paisajes desérticos de Nuevo México. Primero os pide que contempléis con ella la inmensidad del cielo de Nuevo México. En el desierto, dice, la luz es elemental. ¿Veis cómo las distantes colinas forman un lienzo natural para una paleta que va del negro al marrón oscuro, al azul, al cobre y al centelleante dorado? Imaginad el júbilo de un artista que viva en un paisaje donde los cielos cantantes y los brillantes riscos se pinten a sí mismos con cada hora que cambia la luz.

Por doquier hay formas y patrones. Las siluetas y los colores se repiten en detalles grandes y pequeños. En la distancia intermedia, las rocas se apiñan en caos y belleza perfecta. Bajo vuestros pies, la arena irregular refleja el mismo diseño en miniatura. Cerca, un espinoso cacto verde y el cráneo blanco de una res se juntan en una naturaleza muerta, igual que la iglesia de adobe y la cruz de madera negra perfiladas contra el horizonte.

Como el artista y poeta inglés William Blake, O'Keefe establece pocas diferencias entre el artista y el místico. También ella nos pide que veamos el «infinito en un grano de arena y el cielo en una flor silvestre».

De pronto el estado de ánimo de O'Keefe cambia, y con él el entorno. Os encontráis con ella en un avión rumbo al este, donde comenzó su carrera. Mirad los contornos cambiantes mientras sobrevoláis las Montañas Rocosas y las Grandes Praderas. Un manto de campos agrícolas, bordeados por zonas boscosas y moteados de graneros rojos y casas blancas, se extiende debajo de vosotros.

A medida que llega la oscuridad voláis sobre una ciudad y su alfombra de luces. El avión se ladea, y los edificios se abalanzan a vuestro encuentro, para desaparecer en una pista de aterrizaje gris y plana.

La ciudad es un mundo austero de acero y vidrio, cuadrículas, ángulos, geometría. Os preguntáis por las vidas que hay detrás de todas las ventanas. O'Keefe dirige vuestra mirada hacia el pavimento. Pasan zapatos de todos los tipos —mocasines, sandalias, zapatillas, botas, de tacón alto— unidos a vidas cuyos gozos y sombras jamás conoceréis.

Dejando la ciudad, viajáis en tren a un lugar de árboles y lagos. Mientras camináis por el bosque, O'Keefe comparte con vosotros la fascinación que siente por lo muy pequeño. Observad con atención, os sugiere, el árbol caído y ved los universos diminutos que alberga, forestas de moho verde grisáceo y ciudades de setas, gotas como lagos enjoyados y colonias atareadas de hormigas.

En el linde del bosque se alza una casa de tablas marrones con un porche combado y astillado y una hamaca oxidada en él. Subís al ático por una escalera. En baúles polvorientos hay ropas de otra época, vestidos de tafetán de un verde desvaído, zapatos con polainas, cuellos y puños de encaje amarillento.

Mientras observáis el batiburrillo de muebles rotos y juguetes abandonados, los libros de cuero y los periódicos apilados, mentalmente veis vuestro propio ático o armario. ¿Qué tesoros de vuestro pasado hay allí? Una a una invocáis sus imágenes, sus colores, sus formas, los recuerdos y las sensaciones que provocan.

Cuando os preparáis para marcharos, O'Keefe, la sacerdotisa de los bodegones, os entrega algunas de sus cosas favoritas. Aquí una concha con forma de espiral, volutas de opalescencia rosa y gris. Aquí el cuerno de un carnero, una manzana voluptuosa, una barandilla gastada.

Por último, os entrega una flor de lis. Ahora la veis como la ve ella, un universo secreto. Sus formas y huecos se expanden y reverberan en vuestra mente hasta que son algo más que ellos mismos y se vuelven casi humanos, femeninos, reproductores. «Cuando cogéis una flor», comenta ella, «en ese momento es vuestro mundo. Quiero daros ese mundo. Quiero que sepáis que mirar es activar el alma».

Quizá el motivo por el que mirar active el alma es que al ver se activa una gran parte del cerebro. El setenta por ciento de nuestros receptores sensoriales están situados en los ojos. No es de extrañar entonces que ver sea el modo principal de evaluación y comprensión del mundo.

Pero ver de verdad con los ojos y el cerebro es sólo una parte del cuadro. La forma en que elegimos enmarcar la realidad con nuestros ojos interiores pone en marcha todo un abanico de fuerzas creativas y emocionales.

«Veo lo que quieres decir», le decimos a nuestra amiga, mezclando metáforas para convencerla de nuestra simpatía.

En la cabeza se nos enciende una pequeña bombilla, y tenemos un destello súbito de comprensión y «visión».

El modo en que procesamos la información de la visión física e interior —cómo la enmarcamos, la modelamos y la reimaginamos— a menudo determina el modo en que avanzará nuestra vida. «Ver es creer», se nos dice, pero con la misma facilidad podríamos decir: «Creer es ver.»

Conozco a una pareja de hermanos gemelos que ve el mundo de forma bastante diferente. Pueden contemplar el mismo acontecimiento, pero así como él es propenso a ver sólo las cosas negativas y tendentes al desastre, ella ve maravillas, belleza y el modo en que todo puede finalizar de manera positiva. Es comprensible que sus vidas discrepen cuando se trata de «suerte» y oportunidades. «Mi vida está maldita», dice él a menudo, mientras ella piensa: «Mi vida está bendita.»

La vista también es «visión». Los visionarios son personas que ven patrones de posibilidades antes de que emerjan en el tiempo o que captan fácilmente la naturaleza global de las cosas. Es fascinante descubrir cuántos de estos genios de la percepción poseen también un sentido muy desarrollado de la visión física.

La gran mística Hildegard de Bingen podía describir una hoja con la misma diligencia que podía detallar la Realidad Divina que hay detrás de la realidad. Sus descripciones botánicas eran tan brillantes y complejas como sus revelaciones de los verdes poderes de Dios.

¿Os gustaría ser visionarios? Dejad que la Madre Naturaleza os ayude. Encontrad un árbol maravilloso. Observad con atención los patrones en su corteza y describidlos con tanta viveza como podáis, en palabra o por escrito.

Luego tomad una idea o un problema que os preocupe y volved a mirar la corteza, dejando en esta ocasión que los patrones que veis os trasladen sus percepciones a vuestro problema.

Por último, y si lo deseáis, centraos en un tema filosófico o espiritual o en un problema global. Mirad de nuevo la corteza y permitid que os ilumine con sus «respuestas».

Pensamos en el ojo como una ventana al alma. Esta cualidad de transparencia siempre ha vinculado los ojos a la realidad espiritual. En algunas creencias, la visión profunda es una especie de adoración. Los devotos hindúes viajan constantemente por la India en busca de una carga espiritual en la comunión visual llamada *darshan*, en la que el maestro contempla al estudiante con mirada silenciosa y penetrante.

Si queréis experimentar la maravilla de semejante visión profunda, debéis proceder de la siguiente manera: Elegid a un amigo de confianza con quien practicar. Tomaos de las manos, cerrad los ojos y decíos que al abrirlos de nuevo no sólo veréis el aspecto externo del otro, sino la belleza interior que brilla y emana de vosotros. Luego abrid los ojos y recibid con ellos la profundidad del alma que todo ser humano contiene.

Ver puede sanar tanto a nuestros cuerpos como a nuestras almas. La correlación entre la imaginería y la sanación ha sido bien documentada. Pero lo más interesante es cómo el cambio de las imágenes que tenéis sobre vuestro cuerpo puede provocar un cambio en la salud. La imaginería positiva es capaz de trabajar como una fuerza de la naturaleza, ayudando al cuerpo a restaurarse a sí mismo hasta alcanzar su condición más óptima. La imaginería negativa tóxica produce el efecto opuesto.

Preguntaos si tenéis un deseo de muerte o un deseo de vida en vuestra existencia. Os sorprendería saber cuánta gente se mete en una espiral de pensamiento autodestructivo crónico, enviando un torrente regular de señales de imágenes que le piden a su cuerpo que enferme.

Estáis más a cargo de vuestra salud y bienestar que lo que jamás imaginasteis. Es una libertad terrible y maravillosa que se tiene siendo humano. Así que intentad conteneros cada vez que os descubráis en un modo autodestructivo y decíos: «¡PARA!» Luego cambiad de forma consciente las imágenes que tenéis de vosotros mismos junto con vuestro sentido de las posibilidades de la vida.

Procurad también dedicar unos minutos al día a visualizar una imagen de vuestro cuerpo y mente en un estado espléndido de salud. Familiarizaos con ella. Puede que os sorprendan y gratifiquen las mejoras que se consiguen.

Como si ello no fuera motivo suficiente para desarrollar vuestros poderes, la visión también está vinculada a la imaginación creativa. La tienda más grande del mundo no está en la Quinta Avenida, ni en Rodeo Drive ni en los Campos Elíseos. Se encuentra en vuestro cerebro, y sus estanterías exhiben abundancia de imágenes listas para unirse a otras imágenes que, a su vez, se convertirán en ideas, percepciones e incluso historias nuevas.

El pensamiento visual nos permite ver un proyecto o idea en su totalidad. Cuando pensamos lógica o verbalmente en un problema, nuestro proceso interior tiende a ir 1 - 2 - 3 - 4 - 5 o A - B - C - D - E, pero la gente que desarrolla su capacidad para la imaginería interior puede ver un proyecto desde el principio hasta el final en un instante. El cerebro visual es capaz de procesar millones de imágenes en microsegundos y de proporcionarnos una «lectura» almacenada en algunos símbolos o imágenes llenos de información.

Por lo general, las mentes creativas están entregadas al pensamiento en imágenes, y sopesan alternativas, seleccionan, eligen, descartan y sintetizan, haciendo a veces el trabajo de varios meses en unos minutos.

En mis investigaciones, a menudo he descubierto que la gente que soluciona sus problemas trabajando con su imaginería interior tiende a completar sus proyectos más pronto y con mayor facilidad.

¿Por qué? Porque pensar en imágenes crea fuego en la mente, visiones en el alma y energía en el cuerpo. No sólo os ayuda a acabar el trabajo, sino que lo hace de un modo que encaja cómodamente en los patrones de vuestro universo interior.

Un novelista famoso que es amigo mío escribe tan bien porque cierra los ojos y mira cómo la historia se despliega en imágenes. «Luego la transcribo al papel», explica. «Le digo a mi mente que quiero una historia. Y ella me responde, muy bien, aquí la tienes. Yo sólo miro.»

La imaginería, entonces, nos proporciona un entorno tan real e influyente como el entorno tangible de nuestra vida exterior. Ver es un acto creativo en el que poseemos una libertad enorme, si decidimos aceptarla, para revisionar nuestro mundo.

Pensad qué requiere un cambio en vuestro mundo. Pedidle a vuestra mente fabricadora de imágenes que os ayude, cerrad los ojos y dejad que la historia se despliegue ante vosotros. Al principio, puede que sólo recibáis imágenes al azar que parezcan desconectadas, pero a medida que sigáis formulando preguntas, poco a poco las imágenes se harán más coherentes, útiles y creativas.

Quizá hasta os preguntéis: «Quién está montando este estupendo espectáculo para mí? ¡Ni en cien años se me habría ocurrido algo semejante!» Pero algo en vosotros lo hizo y seguirá haciéndolo si empleáis los códigos de la imaginería interior.

Con todo ello en mente, miremos de manera creativa el objeto que hemos elegido explorar a través de la vista. Examinad con atención su forma y tamaño, los detalles de su estructura. Considerad sus colores y los estados de ánimo que evoca en vosotros. Cambiad de sitio con él e imaginad que sois el objeto que os mira. Luego volved a mirarlo del modo habitual.

Fijaos qué le ha pasado a vuestra visión. Lo más probable es que los colores sean más intensos y variados, que las formas hayan adquirido una mayor profundidad, que la luz y las sombras se hallen más presentes y sean más sutiles. Y, si cerráis los ojos, es factible que podáis recrear el objeto con vuestra mente interior.

Al comprometeros a una potenciada vida visual interior, no sólo ampliaréis los gozos de ver, sino que es posible que mejoréis vuestra visión física.

He aquí algunos modos de seguir desarrollando los poderes de la visión:

- Pasad algún tiempo todos los días simplemente mirando cosas. Como dijo Georgia O'Keefe: «En cierto sentido, nadie ve de verdad una flor; es tan pequeña, no disponemos de tiempo... y ver requiere tiempo, igual que tener un amigo.»

- Buscad los cuadros de O'Keefe en vuestro museo o biblioteca local. Dedicadle también algún tiempo a los impresionistas franceses —Monet, Renoir, Cezanne—, genios de la luz. Luego visitad una galería de fotografía para ver cómo queda capturada la naturaleza a través del ojo de la cámara. Las fotografías de Ansel Adams y Galen Rowell os ayudarán a ver paisajes montañosos de formas más frescas.

- Visualizad mentalmente un lugar cercano y familiar. Incorporad todos los detalles que podáis. Seguidamente id a contemplar el lugar y comprobad la exactitud con que lo imaginasteis. Cerrad los ojos y usad vuestra imaginación visual para añadir rasgos nuevos al cuadro interior.

- Colocad una flor en un jarrón y observad tantos detalles como podáis. Después dibujadla, trabajando de forma específica los detalles que habéis observado. Ahora cerrad los ojos e imaginad que podéis entrar en la flor y descubrir el mundo interior. Dejad que la imaginación evolucione hasta convertirse en una historia sobre ese mundo.

- Yendo un poco más lejos, proporcionaos todos los días una imagen y permitid que vuestra mente la «narre». Podéis imaginar que camináis por la calle de una ciudad y hacia vosotros avanza un cocodrilo. ¿Qué sucede a continuación en vuestro mundo imaginario? Luego incorporad cualquier acontecimiento o idea que os preocupe, introducidla en una imagen con la que podáis relacionaros y observad cómo vuestra mente novelística se dedica a trabajar y despliega soluciones como una historia o una serie de imágenes.

- Practicad la visión profunda con los amigos y la familia (en especial los niños), y después compartid mutuamente qué sensación da ser visto.

¿Quién nos guiará por el mundo de los olores? No os riáis, pero será esa estrella cinematográfica, Babe el Cerdito Valiente, que posee un olfato tremendo para todo tipo de olores. Sigámoslo mientras va con su estilo fortuito y cerdil de un interesante olor a otro.

Primero nos lleva al exterior para recrearnos en el olor de la tierra después de la lluvia. Es un olor gratificante que nos transporta literalmente a nuestras raíces. Agachaos e inhalad la suave fragancia de los claveles. Hay un lecho de lavandas, y no paséis por alto los exuberantes aromas tropicales que emanan de las gardenias. Babe avanza feliz, y lo seguimos para empaparnos en la fragancia de un naranjal en flor.

La siguiente parada es una casa campestre. Los caballos que hay en el campo lindante con la casa exudan un cálido olor a almizcle. Incluso sus excrementos frescos resultan extrañamente placenteros a la nariz. En el patio trasero captamos el aroma limpio de sábanas recién lavadas que ondean al sol.

Babe nos conduce a la puerta de la cocina. Al entrar nos invade una maravillosa serie de olores: café haciéndose, pan horneándose, pan de jengibre caliente, clavos cociéndose en sidra de manzana, incluso sopa de pollo borboteando al fuego.

Seguimos a Babe al salón y nos relajamos con el aroma acre y humeante de la madera quemándose en la chimenea. Oh, oh. La nariz de Babe ha localizado una caja de bombones que se derriten con el calor. Tampoco nosotros podemos resistirnos. Será mejor que nos marchemos antes de que el cerdito nos meta en problemas.

A Babe se le ocurre una idea traviesa, y en poco tiempo nos dedicamos a investigar algunos restaurantes de comida étnica, con sus olores inconfundibles y complejos. El perfume de salsa de soja y aceite de sésamo de un restaurante chino. La riqueza de la familiar mozzarela y la salsa de tomate de una pizzería. El olor salado de un bar de ostras. El aroma brillante y punzante de los pimientos y la salsa de una cantina del sudoeste.

Babe realiza un poco de magia y os conduce a unos olores que os llevan de vuelta a la infancia. Palomitas de maíz con mantequilla en el cine. El aliento de un cachorro. Polvo de tiza. El interior del coche nuevo de vuestros padres. El alquitrán recién echado de una carretera.

Pensad ahora en los olores de vuestra infancia, y Babe os los traerá. Con ellos vendrán otros aromas, otros recuerdos...

Cada estación tiene un olor, y Babe los conoce todos. Se os hace disfrutar de la cálida y húmeda fragancia de la primavera cuando los árboles comienzan a reverdecer. Del césped recién cortado del verano. De la humeante acritud de las hojas quemándose en otoño. Del calor de las castañas al fuego en invierno.

Para el final, Babe os lleva a un circo, donde extraños olores se mezclan con el más familiar del serrín y los cacahuetes. El olor peludo de los tigres enjaulados. El hombre que escupe fuego apesta a humo y gasolina. ¿Os sorprende el dulzor del olor del elefante? ¿Os estimula el del miedo de la multitud mientras observa a los funambulistas?

Babe tiene su favorito. Olisquea con gesto agradecido el dulzor ahíto de una almohada rosa de algodón de azúcar, se lanza tras él y desaparece.

El olor es primitivo y poderoso, pero también sutil y evocador. Nos brinda pistas tanto para alcanzar la seguridad como la seducción. Cuando seguís las directrices de la nariz, es factible que terminéis en lugares interesantes: barbacoas, playas, librerías de segunda mano, los brazos del ser amado. Cuando seguís a vuestra nariz, percibís los aromas de la existencia, sabéis cuándo avanzar o retroceder, entráis en la aventura o huís para salvar la vida.

¿Sabíais que podemos discernir más de diez mil olores distintos? Y eso es bueno en un mundo en que cables humeantes, depósitos rotos de gasolina y refrigeradores averiados ofrecen demasiadas puertas industriales para nuestra partida definitiva de esta vida.

Pero nuestras narices no son nada comparadas con las de nuestros amigos cudrúpedos. Babe el Cerdito Valiente puede poseer la nariz de un experto, pero su prima Minnette, en la región francesa de Perigord, hace que parezca que sufre de anosmia, que significa, desde luego, «pérdida completa del olfato».

Minnette es una cerda de pata negra que se alimenta con apasionamiento de trufas, localizando y desenterrando esos hongos increíblemente caros y sensuales aunque estén a quince centímetros bajo tierra.

¿Por qué? Porque para ella, el olor de las trufas es curiosamente parecido al de un cerdo sexy. Quizá no resulte tan extraño. ¿Cuántas mujeres conocéis que gasten sumas enormes en perfumes y lociones para perseguir a un pelmazo sexy?

Y luego están los perros. Tengo uno viejo que ha pasado de los cien años en términos caninos. Su oído no es gran cosa, y está perdiendo la vista, pero su nariz es muy joven.

El otro día lo seguí mientras olfateaba y avanzaba con su inseguro pero certero paso por el barrio. Para él cada calle era una civilización olfativa: un museo de escombros viejos aquí, un hospital de huesos viejos allí, la historia pasada y las noticias del día escritas en los bordillos y los árboles por perros que dejaron algo de sí mismos atrás.

«Hola, Barnaby, y a cualquier otro perro que pase por aquí», parece decir el mensaje escrito en aromas. «Soy Poopsie, el cocker spaniel. Acabo de comer algunas sobras de carne de los restos del restaurante que hay al final de la calle. Venid a buscarme, y probaremos más.»

Y ahí va Barnaby, rastreando las moléculas de las patas de Poopsie como el sabueso que no es. Al rato lo encuentra, y se olisquean de forma agradecida y juntan los hocicos para otras aventuras olfativas.

Suspiro de envidia y vuelvo a casa. ¿Qué tiene Barnaby que no tenga yo?

Más o menos cuarenta y cuatro veces más receptores olfativos. Mis antepasados, a diferencia de los de Barnaby, alzaron las narices del suelo y en el proceso perdieron varios cientos de millones de receptores. Pero a nosotros, los humanos, nos quedan los suficientes, unos cinco millones, para percibir nuestro mundo rico en aromas.

¿Cuántos olores podéis detectar ahora en el cuarto en el que estáis leyendo? Dad una vuelta, olisquead el armario, los zapatos, la alfombra, el residuo de productos de limpieza, las flores, las plantas, a otras personas o animales, e incluso a vosotros mismos. Abrid cajones y olfatead bien. Cerradlos y comprobad si permanecen. ¿Alguno os provoca un torrente de recuerdos?

La memoria está unida al olor. Yo, por ejemplo, no puedo oler el perfume «Evening in Paris» sin retrotraerme en el tiempo para revivir la agonía de mi primera cita.

Abrid la ventana y respirad la variedad de olores que entran para suplantar a los que hay en la habitación.

Hace años, mi padre, escritor de comedias, solía escribir bromas para Jimmy Durante, un tipo extravagante con una nariz prominente. «Mi nariz lo sabe», solía proclamar mientras se tocaba su rasgo más famoso. ¡Y tenía razón!

Cada inhalación hace que el mundo os entre por la nariz. Se ha calculado que en cualquier periodo de tres semanas, algunas moléculas de todos los habitantes de este planeta pasan por vuestro aparato respiratorio: las de la tía Annie, las del presidente de Francia, las de una jirafa de Kenia. Imaginad la cantidad de información que estáis cargando desde la atmósfera a través de la nariz.

De hecho, la atmósfera es lo que respiráis. Inhalad, y nutrís el cuerpo y la mente con el oxígeno que necesitan para manteneros en marcha; exhalad, y liberáis el dióxido de carbono que necesitan las plantas para mantenerlas en marcha.

Centraos en la respiración, siguiéndola al entrar y al salir unas cien veces, y entonces cambiará vuestra propia conciencia.

La respiración consciente es la clave de todos los sistemas de meditación del mundo. El yoga, el tai chi, el zazen y otras prácticas orientales utilizan la respiración como base de sus disciplinas. La respiración consciente os relaja, libera estrés, restaura el equilibrio en vuestro cuerpo, tranquiliza y profundiza la mente, e incluso os lleva a la Fuente de vuestra existencia.

Dedicad los minutos siguientes a centraros sólo en la respiración, en la inhalación y la exhalación prolongadas. No penséis en nada salvo en respirar y en la percepción de que os estáis convirtiendo en la propia atmósfera. Vuestra conciencia no tardará en ser tan transparente como el aire que os rodea. O llegará a serlo si practicáis.

Acercad a la nariz lo que hayáis elegido para oler. Yo acabo de inhalar popurrí y me encuentro bañada en aromas: rosas viejas, piel deshidratada de naranja, pinos, lavanda. Ahora que mi sentido del olfato se ha activado, las fragancias habitan mi cabeza y forman parte de mí.

Mientras escribo estas palabras, Barnaby acaba de regresar de uno de sus paseos olfativos, mojado por la lluvia. En vez de fruncir la nariz enfadada, respiro hondamente el calor húmedo y peludo que surge de su espeso pelaje de Akita.

Ahora es vuestro turno. Fijaos qué ha pasado con vuestro sentido olfativo, con la propia esencia y presencia, con la personalidad incluso de lo que estáis oliendo. Es diferente ya, ¿verdad?

Si deseáis poseer esta capacidad aromática aumentada a través de las actividades que he sugerido, lo podéis lograr.

He aquí algunas cosas que podéis realizar para seguir educando vuestra nariz:

- Explorad el contenido de los armarios de vuestra cocina con la nariz. Saboread los extractos, las especias y los aderezos. Dejad que os cuenten su historia. Intentad evocar mentalmente sólo por sus aromas las tierras de las que proceden.

- Id al mostrador de una perfumería e intentad distinguir entre las diversas fragancias que se pueden probar. Fijaos especialmente en las diferencias entre las colonias para hombre y mujer.

- Probad encender varios tipos de incienso. Se ha empleado durante milenios para tentar las narices de los dioses con el fin de que regresaran y enderezaran el mundo. Fijaos qué pasa en la atmósfera general de vuestro hogar cuando quemáis incienso.

- Leed el Cantar de los Cantares en la Biblia y tratad de oler mentalmente la serie de aromas que en él se ofrecen.

- Olfatead algo que fuera importante para vosotros de niños, un tipo de comida, quizá, y observad cómo surgen los recuerdos.

- Mañana, a primera hora, recordad los muchos olores que reciben vuestros rituales mañaneros: la pasta dentífrica, el jabón, el champú, el café, el té, las tostadas, el periódico, y así sucesivamente.

- Notad y catalogad los distintos olores que acompañan a vuestra rutina diaria: en la oficina, en el coche, en las visitas a otras casas o lugares, en la cena, los olores del día y de la noche.

Nuestros oídos se abren ante el sonido del piano tocado con elegancia y gusto. Seguimos ese sonido y descubrimos que Mozart en persona se halla ante el teclado. Con una floritura brillante de tonos ascendentes y un último y resonante acorde, se levanta con gesto feliz para recibirnos.

Seguimos el clip, clip de sus zapatos de tacón alto por un resplandeciente corredor de piedra, y entramos en una sala grande donde una orquesta está preparada para tocar en nuestro honor.

Uno a uno los instrumentos elevan sus voces particulares. Oímos el ta-ta metálico de la trompeta, la penetrante dulzura de la flauta, la suave calidez del violoncelo, el vibrato emocional del violín, el batir del tambor, las cascadas angelicales del arpa, las notas sensuales y temblorosas del oboe.

Mozart levanta los brazos para dirigir, y cada instrumento se une en la creación de *Eine Kleine Nachtmusik* (Pequeña música nocturna). ¡Qué maravilloso que tanta gloria pueda provenir del temblor de moléculas de aire!

Mozart explica que cuando compone, primero oye la música dentro de su cabeza y luego la escribe sobre el papel. Os invita a escuchar la música que lleváis en vuestro interior.

Intentadlo ahora y descubrid qué música oís al cerrar los ojos. Escuchad vuestras canciones o estilos favoritos. Mis ojos se nublan siempre que oigo la antigua canción inglesa «Greensleeves», y me entusiasmo con la exuberancia jactanciosa de las melodías de los espectáculos de Broadway.

Quizá tengáis un afecto especial por alguna vieja canción de los Beatles, o la nueva música country, o un tema de una película especial. Tomaos un momento para cerrar los ojos y escuchar la música que más améis...

A Mozart nuestra música moderna le resulta divertida y se echa a reír. De pronto las risas lo invaden todo. Bebés gorgoteando, los chillidos agudos de niños revoltosos, las risitas de las adolescentes. Ululatos, risas entrecortadas, clamores etílicos y alaridos estridentes os envuelven en oleadas de alegría.

Sin dejar de reír, Mozart nos lleva a las calles de la Viena del siglo XVIII. Su mundo de sonidos es bastante diferente de las calles de nuestras ciudades. Vendedores de todo tipo empujan carretas por el empedrado anunciando sus productos: «¡Pescado, pescado fresco!» «Melocotones. ¿Quién va a comprar estos jugosos melocotones?» «Ropa vieja en venta.»

Oís un traqueteo atronador cuando pasa el magnífico carruaje de un personaje real, acompañado de una escolta montada. Detrás de ellos marchan las rítmicas botas de una tropa de los soldados del rey y el revoloteo de las faldas largas de las mujeres al rozar el suelo. Parece que de cada ventana abierta sale el sonido de alguien que toca un instrumento. Viena es la ciudad de la música, y todo el mundo la interpreta.

Giráis en una esquina, y de pronto os encontráis en una ciudad moderna con sus sonidos mecánicos tan distintos. Mozart queda atónito por los ruidos del tráfico, el aullido de la sirena de un camión de bomberos, el rugido entrecortado de una moto al ponerse en marcha, el estruendo de un avión en lo alto.

Se tapa los oídos cuando pasáis por delante de un hombre que abre el firme de una calle con un martillo neumático. Lo lleváis al interior de un edificio de oficinas, donde queda divertido y fascinado por el timbre de un teléfono, el click, click, click del teclado de un ordenador, el zumbido de una copiadora. «Podría escribir mi siguiente concierto en torno a estos ruidos», os dice.

Dejáis el edificio y paráis un autobús, cuyos frenos chirrían cuando se detiene, con el motor rugiendo. Tras un breve recorrido os bajáis en un parque, donde Mozart parece aliviado al escuchar de nuevo el canto de los pájaros. El *crack* de un bate que consigue un *home run* y el subsiguiente clamor de la multitud lo atraen a un partido de béisbol que se juega en ese momento.

Pero siente un interés especial en la variedad de voces humanas que oye en el parque. Escuchad con él a la madre sentada en el banco leyéndole un cuento a su hijo. Un poco más lejos hay dos amantes recitándose poesías. Mirad a los tres ancianos cuyas voces se alzan en ruidosa discusión.

Os sentáis juntos, y Mozart os pide que le describáis otros sonidos modernos. ¿Le hablaréis de la rápida cuenta atrás de un lanzamiento espacial y del sonido de la nave al elevarse? ¿Y de la voz de Martin Luther King, Jr., cuando pronuncia su gran invocación «He tenido un sueño»? ¿De la sintonía de una radio cuando buscáis muchas estaciones? ¿Del ba-bum, ba-bum, ba-bum de los latidos del corazón a través de un estetoscopio?

Juntos os preguntáis con qué clase de voz habla el universo. ¿Es el sonido del Om? ¿El siseo de las estrellas? ¿O es el Silencio que contiene todos los sonidos?

Mientras pensáis en ello, aparece una orquesta tocando «When the Saints Go Marching In». Encantado, Mozart se incorpora de un salto y se une a ella, aporreando un tambor. Con un gesto de la mano, le decís adiós.

Con los oídos bien agudizados por las aventuras con Mozart, os detenéis para reflexionar en el mecanismo de la audición. Parece casi una invención de algún dios loco. Pensad en la increíble cadena de acontecimientos que tiene lugar cada vez que oímos un sonido.

Las ondas sonoras llegan rodando como olas, con noticias procedentes del universo que resuenan contra el tímpano. La membrana al vibrar pone en marcha tres huesecillos que reciben el extraño nombre de martillo, yunque y estribo. La cabeza del martillo vibra en la cavidad del yunque, que vibra a su vez. Éste mueve el estribo, que presiona el fluido del oído interno. En el oído interno hay un caracol llamado cóclea. Sus diminutas antenas oscilan con las ondas, activando centros nerviosos próximos que envían mensajes al cerebro.

Todo esto es necesario para que oigamos a los grillos, el hervor de los espaguetis, silbar. Lo cual nos revela que todo es energía, vibración, frecuencia, resonancia. Incluso el objeto material más sólido es, en última instancia, una danza de patrones de energía en constante cambio. En su esencia, la realidad es ritmo, música.

El mundo es sonido.

Sin embargo, cuando escucháis con atención otra voz, oís más que simples sonidos. También oís las alusiones de intención, los matices de emoción, la melodía del alma de quien habla. Cada sonido, cada voz, es el universo en miniatura.

Una audición profunda es un arte que se puede aprender. Se empieza prestándole atención a los sonidos familiares: la lluvia, el viento, el ronroneo de un gato, el ruido de los platos al servir la mesa, el líquido que se vierte en una copa, el zumbido de un horno o del aire acondicionado.

Entonces no tardáis en comprender que la audición profunda requiere todo el cuerpo. No oímos sólo con los oídos, sino también con los huesos del cráneo y todo lo que está vinculado a ellos. Un sonido agudo hace que se nos erice el vello. Una melodía bonita relaja y tranquiliza los músculos tensos de la espalda.

Si queréis practicar la escucha con todo el cuerpo, probad este experimento fascinante. Escuchad vuestra música favorita como si fuerais el instrumento y la música os tocara. No tardaréis en entender lo que el poeta T. S. Eliot describió en *Cuatro Cuartetos*:

> *música oída tan hondamente*
> *Que no se oye, pues mientras dura*
> *Vosotros sois la música.*

Practicad también escuchando profundamente a aquellos que os rodean: familia, amigos, compañeros de trabajo. Comprobad cómo sus voces juntas componen una especie de concierto. Como en toda gran música, los tonos y las palabras pronunciadas son importantes, tanto como aquellas que no se pronuncian: las melodías no cantadas, las palabras no habladas, los silencios.

Permitíos recibir comunicación de todas las partes de vuestro cuerpo y mente, no sólo con los oídos. Y entonces tratad de responder desde el corazón, las entrañas, los huesos, el cerebro e incluso con el silencio.

La voz es el vehículo del propósito del alma. Sin embargo, la voz puede sabotear los verdaderos sentimientos. Tengo una brillante amiga que es una especie de genio emocional, pero que habla con un tono tan monocorde que lo que intenta comunicar cae literalmente en oídos sordos.

Para corregirlo, le sugerí que leyera poesía en voz alta durante diez minutos al día, trasladando a los huesos la pasión y la tragedia que sentía en las palabras. Pasadas unas semanas, la gente empezó a escuchar su voz más cautivadora.

Recordad que sois maestros fabricantes de sonido. Producid el sonido «Mmmmm». Luego tapaos los oídos y repetidlo. Sentiréis que la cabeza os vibra con su propia música. Luego, tapándoos también los oídos, cantad en voz alta algo estimulante o un himno.

Después cantaos sobre vuestra vida, qué es ahora y qué os gustaría que fuera. Inventad palabras. Que la melodía suba.

Al darle música a la mente os brindáis sonidos poderosos con los que modelar vuestra existencia.

¿Es magia? Sí, pero también una especie de gran ciencia.

Escuchad ahora aquello que hayáis traído a esta sesión. Cerrad los ojos y experimentad el sonido en cada parte del cuerpo. Permitid que active recuerdos y asociaciones, colores, imágenes visuales, sensaciones fuertes.

Si es lo que deseáis, sugeríos que a partir de este momento vuestro sentido del oído y vuestra capacidad de audición se verán grandemente potenciados.

He aquí otros modos de oír el mundo con mayor vivacidad:

- Escuchad todo tipo de música. Notad cada forma, tonalidad y tono emocional musicales. Escuchad como si el sonido emanara de alguna parte de vuestro profundo interior.

- Cantad en todas partes: en la ducha, en el coche, con la radio y en especial con amigos. De hecho, cantad algo ahora mismo.
- Para reforzar y aclarar la voz, tararead distintos tonos. Empezad con la nota más baja que podáis. Luego id subiendo despacio en la escala hasta donde os sintáis cómodos.
- Leed en voz alta a un niño, a un abuelo o a cualquiera que desee escuchar. Leed poesía y obras de teatro, cuentos y novelas, incluso artículos de periódicos y revistas.
- Asistid a un concierto sinfónico o a un recital musical. Escuchad por turnos el sónido único de cada instrumento. Durante una pieza, estad atentos a los tambores, los címbalos y otros instrumentos de percusión. En otra, seguid los de viento. Separad mentalmente la música en sus partes y luego volved a unirla.
- Asiduamente sentaos en silencio en un bosque, en un parque o en la playa, con los ojos cerrados, sólo escuchando.
- Rezad, y escuchad la respuesta.
- Sentaos donde estáis, con los ojos cerrados, y contad todos los sonidos que seáis capaces de oír en cinco minutos. El radiador, el súbito bocinazo desde la calle, el goteo de la lluvia de ayer desde los canalones.

Ahora que hemos explorado los cinco sentidos y analizado lo que cada uno de ellos puede hacer por nosotros, volvamos al mundo fuera de la montaña del yo y veamos qué hemos ganado. Cerrando la puerta al mundo sensorial, seguimos de nuevo el camino interior hasta la cima de la montaña, salimos, volvemos a colocar la tabla de piedra y descendemos por el sendero exterior a nuestro mundo cotidiano.

Quizá queráis dejar el libro durante unos minutos, estirar los músculos y caminar un poco, incluso dar un paseo. Prestadle atención a las impresiones de vuestros sentidos. ¿Son más agudas, brillantes y potentes? Las visitas regulares al reino sensorial, ya sea por medio de la imaginación o a través de las actividades que os he sugerido, incrementarán vuestra capacidad de percepción tanto interior como exterior.

Si los viajes imaginativos os parecen difíciles sin una voz que os guíe, grabad una cinta y guiaos a vosotros mismos por el reino de los sentidos, proporcionándoos cosas maravillosas para ver, tocar, oler, probar y oír.

O practicad dando una caminata, comiendo algo, o escuchando una pieza de música con concentración. Luego cerrad los ojos y recread en vuestro mundo interior con la máxima vivacidad las mismas impresiones sensoriales.

La práctica asidua desarrolla conectores nuevos en vuestro sistema cerebral/mental, puertas mentales hacia la realidad interior y exterior. Una vez abiertas, ya puede fluir el comercio entre vuestros mundos imaginario y real. La clave para vivir en una realidad mayor y más vibrante radica en unir los continentes de la mente y el cuerpo.

Las visitas frecuentes pueden convertiros en intranautas, en exploradores intrépidos de vuestros reinos interiores. O si preferís metáforas informáticas, podéis viajar por intranet, estar on-line con acceso inmediato a un mundo más rico y fascinante que vuestras imaginaciones previas.

A medida que aumenta vuestra destreza en unir las realidades interior y exterior, llegarán a ser posibles algunas cosas muy notables. Una imaginación incrementada os brinda la capacidad de crear el programa o patrón para algo que deseáis que se realice en el mundo exterior.

Permitid que os lo demuestre.

Tomaos un momento para pensar en algo que os gustaría hacer o crear durante el próximo año. Quizá se trate de un proyecto artístico. O de alguna habilidad nueva que queréis adquirir. Puede que incluso sea un estado de ánimo, un modo de ser o una calidad de vida distintos. Llamo a este paso «establecer la intención creativa».

Imaginaos lo más vívidamente que podáis en plena entrega para lograr dicha intención. Quizá os veis escribiendo un libro, componiendo una canción, haciendo amigos nuevos, poniéndoos bien o mejor, empezando otra profesión o descubriendo caminos nuevos en el que ya recorréis. Prestadle atención especial a los sentidos involucrados. ¿Qué veis, oléis, oís, tocáis y probáis mientras realizáis esta actividad?

Entonces, sea cual fuere vuestra intención, poneos de pie y actuad, usando tanto de vuestro cuerpo como sea relevante para la actividad. Es importante que rosiga que ejecutéis al máximo la representación exitosa de vuestra intención. Si queréis que una música estimulante os acompañe durante el proceso, adelante.

Ahora volved a vuestra imaginación y seguid representando la intención sin mover el cuerpo. En esta ocasión activad con más intensidad los sentidos interiores, añadiendo las nuevas impresiones sensoriales que os ocurran. Hacedlo durante varios minutos.

Luego volved a representar físicamente la intención con todo el cuerpo, imaginando las sensaciones mientras realizáis los movimientos. Alternad varias veces la actuación física e imaginaria.

Cuando hayáis acabado, notad qué sentís sobre el proyecto y la intención. ¿Está en vuestros huesos? ¿Podéis sentirlo como una parte creciente en vosotros? ¿Es más real que antes? ¿Recibisteis alguna idea nueva del almacén de percepciones que acabáis de visitar?

Siempre que he estudiado a las personas que realmente consiguen cosas —gente que no se rinde a medio camino como tantos de nosotros—, casi invariablemente descubro que utilizan algo parecido a este ejercicio. Completan su tarea en el mundo exterior porque no dejan de inspirarse y recibir energía de una pasión por lo posible que procede del mundo interior. Sus proyectos crecen desde dentro hacia fuera, y no a la inversa.

¡Felicitaos! Habéis realizado una gran comienzo al aprender el arte de manifestar vuestros sueños.

Cuando añadáis las energías de los reinos psicológico, mítico y espiritual a vuestros sentidos potenciados, vuestra capacidad para los logros será verdaderamente formidable.

Visitar
el reino psicológico

NO ME INTERESA qué hacéis para ganaros la vida. Quiero saber qué anheláis, y si os atrevéis a soñar con satisfacer los deseos de vuestro corazón.

No me interesa los años que tenéis. Quiero saber si correréis el riesgo de parecer tontos por amor, por vuestros sueños y por la aventura de estar vivos.

No me interesa la cuadratura de los planetas en vuestra luna. Quiero saber si habéis tocado el centro de vuestro propio dolor, si las traiciones de la vida os han abierto o si os habéis cerrado por temor a sentir más dolor. Quiero saber si podéis ser compañeros del dolor, el mío o el vuestro, sin intentar ocultarlo, desvanecerlo o arreglarlo. Quiero saber si podéis estar con el GOZO, el mío o el vuestro; si podéis bailar libremente y dejar que el éxtasis os llene a rebosar sin advertirnos de que seamos cautos, realistas o que recordemos las limitaciones de ser humano.

No me interesa si la historia que me contáis es verdad. Quiero saber si decepcionáis a otro para ser verdaderos con vosotros mismos; si sois capaces de soportar la acusación de traición y no traicionar vuestra propia alma. Quiero saber si podéis ser infieles y, por ende, merecedores de confianza. Quiero saber si podéis ver la belleza aun cuando no todos los días sean bonitos, y si podéis fundamentar vuestra vida de SU presencia. Quiero saber si podéis vivir con el fracaso, el vuestro y el mío, y seguir de pie al borde del lago y gritarle a la luna llena plateada: «¡SÍ!»

No me interesa saber dónde vivís ni el dinero que tenéis. Quiero saber si podéis levantaros después de la noche de dolor y desesperación, cansados y magullados hasta los huesos, y hacer lo que hace falta hacer por los niños.

No me interesa quiénes sois, ni cómo llegasteis a estar aquí. Quiero saber si vais a estar en el centro del fuego conmigo sin retroceder.

No me interesa dónde, qué o con quién estudiasteis. Quiero saber qué os sustenta desde el interior cuando falla todo lo demás. Quiero saber si podéis estar solos, y si de verdad os gusta la compañía que os hacéis en los momentos vacíos.

Oriah Mountain Dreamer, *The Invitation*

Por lo general se nos plantea ahondar más en nuestro interior cuando acontece algo importante. En tiempos de transición vital —matrimonio, divorcio, el nacimiento de un hijo, la muerte de un padre o un cónyuge, un ascenso importante o la pérdida de un trabajo, la marcha de casa del último de los hijos o una enfermedad grave—, nuestras emociones y respuestas psicológicas salen a la superficie, y las circunstancias a menudo obligan a bucear en el alma.

En momentos semejantes podemos enfrentarnos a la música de nuestras vidas o evitar el encuentro y llevar una existencia empequeñecida.

Hace poco disfruté de una oportunidad sin igual para averiguar de primera mano qué se siente al ser abierto por las traiciones de la vida y descubrir qué me sustenta desde el interior cuando falla todo lo demás. Aunque no me gustaría repetir la experiencia, las lecciones de los últimos meses, como la mayoría de las excursiones no planificadas al reino de la psicología personal, me enseñaron mucho sobre lo que de verdad me importa.

Antes de viajar juntos a ese territorio fértil pero en ocasiones salvaje y agreste, permitidme compartir algo de lo que aprendí durante mi aventura reciente en el nivel psicológico de mi montaña interior.

En junio de 1996 regresé a casa después de recibir un distinguido premio al conocimiento, y encontré el porche y el jardín plagados de reporteros y cámaras buscando noticias de algo que nunca había sucedido. Durante casi un año y medio fui una especie de contendiente intelectual para la Primera Dama, Hillary Rodham Clinton, ayudándola a centrar sus ideas para el libro que estaba escribiendo.

Un informe que decía que la Primera Dama y yo nos habíamos entregado a un ejercicio imaginativo en el que reflexionábamos sobre lo que podría haber dicho Eleanor Roosevelt acerca de construir una sociedad mejor, hizo que los medios salieran en busca de un titular llamativo. «¡Sesión Espiritista!» anunciaron las primeras planas de los diarios. «¡Brujería!» E incluso el más temido de los epítetos: «¡Guru!»

No hace falta decir que las distorsiones avergonzaron a la señora Clinton y causaron estragos en mi vida y mi carrera. Prácticamente todos los periódicos y revistas del mundo se hicieron eco de las historias, tergiversando los hechos, e incorporaron grandes dosis de comentarios de reporteros que jamás se molestaron en averiguar nada sobre mí o mi trabajo.

Como resultado de ese ridículo público, vi que mi reputación de treinta años de trabajo serio al servicio del mejoramiento humano se mancilló de tal manera que unos patrocinadores nerviosos cancelaron mis conferencias, al tiempo que se me retiraban las becas para investigación. Sentí que de la noche a la mañana había pasado de ser considerada una pionera respetada en la investigación de las capacidades humanas a una representante risible sobre la chifladura.

Sí, recibí miles de cartas de apoyo, y mucha gente salió en mi defensa con cartas al editor y columnas de opinión. Pero eso apenas logró mitigar el dolor que sentí ante una humillación tan pública.

Estaba tan herida que durante un tiempo creí que mi carrera y utilidad se habían terminado y que sencillamente debía apartarme de la escena pública.

No obstante, muchas personas confiaron en mí para que continuara con mi trabajo, para mostrar fuerza y superarlo. Ello me llevó a pensar largo y tendido sobre lo que uno hace para recuperar la integridad del yo ante una experiencia devastadora.

En el momento de la herida resulta difícil y, sin embargo, es absolutamente esencial analizar lo sucedido desde pespectivas nuevas.

Primero, debemos dejar de repetirnos a nosotros mismos y a otros los detalles de los acontecimientos o las personas que nos causaron dolor. No lo hacemos para negar los hechos, sino para impulsarnos fuera de la seducción de la visión estrecha hacia un paisaje más amplio que nos revela oportunidades poderosas de desarrollo.

Luego nos formulamos preguntas difíciles: ¿Nos encontramos en un caldero de dolor o en un cáliz de oportunidad? ¿Debemos lamentarnos o podemos considerar nuestro sufrimiento como una ayuda de un Poder Superior para introducirnos en una nueva historia?

Por último, volvemos a contar lo que nos sucedió, no como una repetición de detalles históricos, sino como un cuento en el que la herida se produce en el desarrollo, en cuyo final se producirá el nacimiento de una nueva gracia.

Las heridas personales nos abren, como nada más puede lograrlo, a una realidad más grande. El sufrimiento rompe los límites de lo que creíamos que éramos capaces de soportar. Y, sin embargo, es por esas grietas por donde crecen las semillas de la sanación y la transformación.

Al ser más vulnerables, podemos extender las manos y el corazón a otros que están sufriendo. Como resultado de mi experiencia, siento que puedo ser de mayor utilidad para otros que buscan revisar sus propios traumas de formas útiles y profundas.

Aparte de las consecuencias psicológicas personales, mi roce con la notoriedad inesperada y no solicitada me ha llevado a reflexionar sobre el significado ulterior de lo que ha sucedido.

¿Por qué, me pregunté, cuando dos mujeres inteligentes se juntan y emplean un ejercicio interior para centrar sus pensamientos en un tema crítico, los medios se vuelven locos? Después de todo, el mismo ejercicio era más bien corriente, acorde con las técnicas psicológicas de tormenta de ideas que se emplean con asiduidad en los grupos de pensamiento y en las juntas de las corporaciones de todo el país. ¿Qué hizo que las noticias de la noche se convirtieran en una Inquisición?

Sospecho que la respuesta radica en dos grandes fobias: miedo al poder creciente de las mujeres y temor al poder de la imaginación y las realidades interiores. Juntadlos y tenéis la Sombra de nuestra época, el pavor a los métodos y soluciones basados en los valores humanos en vez de los materiales.

A medida que las mujeres ascienden a posiciones de influencia, su estilo mental y modo de trabajar salen cada vez más a la atención pública. Al centrarse más en el viaje que en el destino, solucionan problemas al buscar maneras nuevas de hacer que las cosas se desarrollen y crezcan desde el interior en vez de imponer soluciones desde el exterior. Lo que es más importante, se sienten cómodas utilizando la imaginación para descubrir respuestas.

Como las viejas mentes de la estructura de poder existente no comprenden estos métodos y, por ende, no pueden controlarlos, se asustan. En el caso de la señora Clinton y yo, el miedo impulsó a los medios a buscar una noticia de lo que en realidad era un intento de solucionar problemas difíciles de un modo nuevo y de nivelar el desequilibrio ecológico, nuestro exceso de uso del mundo exterior y poco del interior.

Es erróneo confiar sólo en las respuestas que surgen de los hechos y las estadísticas y ridiculizar las soluciones que nacen de la imaginación y la intuición. Está mal considerar que las ideas basadas en la memoria, la reflexión y la naturaleza creativa de la psique son fantasías y fraudes peligrosos.

El resultado de un pensamiento tan anticuado es lo que yo, tristemente, experimenté: el primer Freud unido al viejo fundamentalismo y P. T. Barnum, en primera plana y horario de máxima audiencia.

Ya no podemos permitirnos el lujo de vivir como si las emociones, los recuerdos y las intuiciones no vinieran al caso. La corriente principal debe recurrir a la corriente profunda de la psicología personal a fin de renovarse. Para salvarnos junto con el mundo, cada uno de nosotros debe trabajar dura y humildemente para adquirir la capacidad interior necesaria para llevar una vida psicológica y espiritual más profunda y habilitada.

¿Cómo se logra?

En primer lugar, aun cuando las circunstancias no nos impulsen al reino psicológico, podemos emprender visitas por nuestra propia cuenta. Familiarizarse con el territorio —tanto con sus magníficas vistas como con sus lodazales y zarzales— nos puede ayudar a aportar conciencia y energía a los acontecimientos cotidianos así como a los momentos de triunfo o tragedia.

Empecemos la exploración del reino psicológico con risa y dando un paso atrás para contemplar la condición humana desde una perspectiva más amplia.

A veces pienso que las civilizaciones avanzadas de la galaxia llaman a nuestro planeta «Skunkworks». ¿Sabéis que es *Skunkworks*?

Es un pequeño laboratorio alejado de la tendencia principal, donde inventores locos llevan a cabo experimentos dementes. Y si de vez en cuando los experimentos se descontrolan y apestan, no pasa nada, porque todo el mundo espera que así sea, e incluso algunos de los experimentos llegan a funcionar.

Sin embargo, deben tomarse algunas precauciones. Por eso es por lo que el planeta Tierra y su especie más peligrosa, los seres humanos, deben ser aislados en el extremo de un brazo lateral de la Vía Láctea, lejos del centro de las cosas. ¡No se puede dirigir una galaxia decente con un *Skunkworks* justo en medio!

Ahora bien, ¿cuál es el gran experimento que se está llevando a cabo en nuestro *Skunkworks* particular?

Dejando a un lado las bromas, creo que es crear semillas de Dios. De un modo más bien milagroso, el universo ha conspirado para darnos a los seres humanos recursos suficientes con los que jugar, para que podamos evolucionar hasta convertirnos en cocreadores.

Los cocreadores son personas como nosotros que entran en contacto con sus recursos interiores, deducen cómo utilizarlos y luego adoptan un papel activo de Padre/Madre Divinos para fabricarse el mundo.

Hacer el mundo puede ser una empresa gigantesca que requiera la presencia de mucha gente e instituciones, o puede tratarse de algo pequeño y limitado que sólo importe a los amigos o familia inmediatos de cada uno.

O incluso a uno mismo.

El tamaño de las aplicaciones eventuales tiene poca importancia cuando se trata del primer y esencial paso de ganar conocimiento interior.

El conocimiento psicológico no es algo que se pueda comprar. No viene en un frasco. No se encuentra en Internet. Ni siquiera aparece en este libro. Viene de escuchar, observar y aprender de uno mismo de una manera especial.

No cabe duda de que esa escucha y aprendizaje representan un duro trabajo. Pero la recompensa potencial es enorme. La atención que se preste al funcionamiento interior de nuestra psique nos puede ayudar a conseguir que la creatividad sea algo básico en nuestra vida.

Dicen que las ideas son baratas. Es mentira.

Las ideas son diamantes, y se guardan y almacenan en la gran estructura que llamamos nuestro sistema corporal/mental. Debajo de la superficie de la conciencia corriente, todos estamos llenos de ideas y asociaciones vinculadas a otras ideas, la propia materia de la evolución que se mueve en nosotros para emerger como una innovación.

Nuestra mente profunda no para de establecer asociaciones. Lo que pasa es que, por lo general, no moramos el tiempo suficiente en nosotros como para cobrar conciencia de ellas.

¿Qué pasa con la gente que habita más en sí misma? ¿Por qué es capaz de recoger cosas del mundo exterior, mezclarlas con las cosas del mundo interior y crear algo nuevo?

Parte del secreto de la creatividad es aprender a mirar las cosas de maneras distintas. Los niños son muy buenos en ello, ya que sus mentes no se han endurecido con patrones.

Puede que hayáis oído hablar de la niña que durante días había intentado introducir un cinturón de cuerda en su pijama. Un día caluroso regresó de jugar y fue a la nevera para coger un cubito. Al observarlo, se le ocurrió que si mojaba la cuerda y la congelaba en forma de herradura, podría deslizarla por el agujero de la cintura del pijama.

Cuando caminamos por el campo y los cardos se nos pegan a los pantalones, nos los arrancamos, teniendo cuidado de no tocarlos con los dedos. Pero un hombre consideró esa misma situación de un modo diferente. Poco después inventó el Velcro.

Johannes Gutenberg miraba cómo prensaban las uvas y pensó: «¿Y si prensáramos las letras de esa manera?» Ése fue el comienzo de la imprenta, que condujo a este libro y a todo lo que leéis.

La creatividad tiene que ver con notar de verdad las cosas que están en el exterior, dejando que florezcan en el gran interior, y estar disponible a la posibilidad de algo nuevo.

Cuando estudio a las personas creativas, descubro que piensan en muchos esquemas mentales. No sólo meditan en un problema. Lo tamizan a través de imágenes igual que de palabras. Lo sienten actuar sobre su cuerpo tanto como en su mente. Se sumergen en él hasta que parece que la cosa en la que trabajan casi ha adquirido una personalidad propia.

Un problema se filtra en un rincón de su mente mientras se dedican a su vida cotidiana. Las cosas que ven en el mundo y que les recuerdan el problema son absorbidas como masa para el molino creativo. Entonces, un día, surge algo como una posibilidad plena que exige ser probada, escrita, contada, cantada, creada.

El mismo proceso se puede aplicar a cualquier cosa que deseéis lograr.

Empezad dándoos un propósito, algo que queráis hacer o descubrir. Ved ese propósito como una imagen: vista, sentida, oída, tocada e incluso probada. Luego deteneos en imágenes de consecuciones futuras usando todos los sentidos internos que podáis.

No tardaréis en encontraros patrocinados y activados por esa imagen, hasta el punto de que tendréis la pasión y el objetivo de hacer algo al respecto.

Lo que es más importante, la vida misma tendrá una pasión para vosotros. Seréis cocreadores.

Ahora bien, la creatividad no tiene por qué conducir a algo. No ha de implicar una canción, una danza, una novela o una trampa mejorada para ratones. La mayor forma de creatividad es la recreación de vosotros mismos. Además, el trabajo creativo que hacéis en vosotros mismos potenciará vuestra capacidad para la creatividad en otras cosas.

Con ello en mente, volvamos a la montaña interior y vayamos a su segundo nivel, el reino psicológico. Ataos los cinturones de seguridad. El viaje puede ser como una montaña rusa.

Una vez más, os encontráis en el sendero ascendente y en espiral. Vuestros sentidos están acrecentados debido a la visita al nivel sensorial, y el aroma a pino de la brisa os produce un cosquilleo agradable. También están potenciadas las conexiones entre los sentidos, y parecéis sentir el canto del pájaro en la piel al oírlo.

Desde la última visita, en el sendero han brotado las setas, y os agacháis para contemplar sus coronas marrón rojizas y su tallo blanco. Un fuerte olor a tierra os llena las aletas de la nariz cuando recogéis una para investigarla de cerca.

De nuevo llegáis a la losa de piedra. En esta ocasión sois más expertos en levantarla y penetrar en la montaña.

Al bajar, llegáis otra vez a la puerta del reino sensorial, que ahora huele a rosas y a pan recién horneado. Con una rápida caricia sobre el panel de terciopelo, seguís adelante y descendéis hasta llegar a la puerta de espejos, entrada al reino psicológico. Con una mirada anhelante a los muchos yoes reflejados en él, la abrís y entráis.

Esta vez, alguien está aquí para recibiros. La persona se parece mucho a vosotros, pero con el aspecto que tendríais si hubierais dedicado mil años a desarrollar vuestro pleno potencial. Es el Yo Esencial, vuestro Guía, esa parte de vosotros que está codificada en vuestro destino superior, vuestro propósito de ser, y que se manifiesta como aún podríais llegar a ser.

Algunos quizá veáis a ese ser como un representante del Alma, esa parte de vosotros más profunda, sagrada y completa.

Otros tal vez lo percibáis como la fuerza interior y vital que dirige vuestra vida y crecimiento hacia la realización de todo lo que podéis ser.

Nuestro Yo Esencial posee un resplandor que nuestro yo local no tiene. Está en contacto tanto con nuestra vida como con la Vida del Universo. Con la sabiduría de la tierra y la del corazón. Puede ponernos relacionarnos con los continentes vírgenes que hay en nuestras mentes y cuerpos, pues conoce los mapas del alma y los tesoros que allí se pueden encontrar.

El Yo Esencial conoce los caminos posibles que nuestra vida puede emprender y quiere ayudarnos a elegir los mejores. Sabe cómo convertir la imaginación en realidad y que la vida que llevamos sea creativa y plena. Por encima de todo, sabe por qué estamos aquí y lo que todavía podemos hacer; adónde podemos ir y por qué debemos ir allí.

Más próximo que la respiración, más cercano que las manos y los pies, el Yo Esencial es el amigo misterioso que siempre ha estado cerca, sin importar cuánto hayamos negado su existencia.

A partir de aquí, llamémoslo «el Amigo». Llegar a conocer a este Amigo es una experiencia maravillosa. Jamás volveremos a estar «solos» de verdad.

Para ayudaros a conseguir una percepción más fuerte del Amigo, me gustaría que probarais un ejercicio imaginativo que al principio puede resultar un poco extraño. Pero confiad en mí; ¡funciona!

Para empezar, colocad una silla enfrente de vosotros y «pedidle» al Amigo que venga y se siente. Intentad imaginar qué aspecto tiene, qué lleva puesto. Permitíos percibir un sentido creciente de su presencia ahí sentado en la silla que hay delante de vosotros.

Percibiendo aún su presencia, cerrad los ojos un momento y alargad las manos, con las palmas hacia delante. Luego imaginad que el Amigo extiende también las suyas.

Comprobad si podéis sentir, aunque sólo sea sutilmente, las «manos» del Amigo tocando las vuestras. Quizá notéis una ligera brisa o una suave sensación eléctrica, o tal vez una impresión todavía más palpable.

A medida que la sensación de manos que se tocan se vuelve más vívida, probad a imaginar qué aspecto puede tener, cómo puede hablar. Una vez más, permitid que aumente la sensación de presencia.

Abrid los ojos e intentad mantener un sentido de la presencia del Amigo. Luego cerradlos y haced lo mismo. Volved a abrirlos, sin dejar de imaginar la presencia.

Ahora hagamos algo que puede ayudaros a conseguir que el sentido del Amigo sea más fuerte.

Poneos de pie y sentaos en la silla que ocupaba él. Imaginad que sois el Amigo (lo cual, en realidad, sois), mirando y percibiendo la versión local de «vosotros» sentados enfrente. Levantad las palmas y sentid la sensación de las manos y la presencia de «vosotros».

Como el Amigo, sentid qué aspecto tenéis, la sensación de «vuestras» manos, el juego de luz y sombra alrededor de «vuestra» cara. Pero sentíos desde la perspectiva de la comprensión del Amigo compasivo. Mirad a la «persona» que está sentada enfrente de vosotros con la sabiduría que procede del conocimiento del alma, que es la sabiduría del Amigo.

Ahora incorporaos y ocupad la silla opuesta, regresando a vuestra propia identidad. Una vez más, levantad las palmas hacia el Amigo, con una sensación de tacto aun más fuerte. Pero esta vez su presencia se hace más natural. Realmente sentís que estáis en presencia de un Amigo muy maravilloso.

Puede que deseéis alternar las sillas algunas veces, sintiéndoos y conociéndoos desde ambas perspectivas.

¿Es más vívida ya la percepción que tenéis de él?

Ahora que tenéis un conocimiento más claro del ser del Amigo, profundizad con él en el reino psicológico.

Justo del otro lado de la entrada está el estanque de la memoria. Vayamos primero allí.

Una buena memoria es algo valioso. Aumenta la inteligencia y la creatividad gracias a que nos da acceso a miles de imágenes e ideas que una vez fueron nuestras. Nos permite habitar con más plenitud nuestras vidas, y estar presentes en la totalidad del abanico de nuestras experiencias y no sólo en los puntos intensos. La memoria nos permite vivir la vida que se nos ha dado.

Es fácil aprender a vivir dentro de la casa del tesoro de la memoria en vez de mirar cómo se desvanece continuamente en el horizonte como un tren que se pierde. Si queréis ver qué contiene la tesorería de vuestra memoria, encontrad un lugar agradable donde podáis sentaros con vuestro Amigo junto al estanque de la memoria, y empecemos.

Del estanque se alza la niebla como imágenes vistas o sentidas, imágenes que son recuerdos de vuestra vida. El paisaje en el reino psicológico potencia la memoria.

La presencia del Amigo a vuestro lado también ayuda a hacer que sean claras. Siempre que vuestra memoria parezca difusa o huidiza, pedidle al Amigo que os ayude a hacer que las imágenes sean más fuertes o vehementes, o convertíos en él durante un momento y ved si eso os ayuda a que la memoria se vuelva más real.

Ahora imaginad que oís una voz suave que os insta a recordar escenas de la infancia. A medida que éstas se elevan del estanque, sin importar que sean cuadros, palabras, colores, sabores u olores, pronunciadlas en voz alta al Amigo o escribidlas en un diario:

> Háblame de comidas favoritas de tu infancia...
>
> Cuéntame de tu infancia algo sobre un juego o una canción que recuerdes...
>
> Cuéntame de tu infancia algo sobre un maestro muy querido o muy odiado...
>
> Cuéntame de tu infancia algo sobre un animal que tuviste...
>
> Cuéntame de tu infancia algo sobre un hombre o una mujer muy ancianos...
>
> Cuéntame de tu infancia algo sobre un chico o una chica muy jóvenes que conociste...
>
> Cuéntame de tu infancia algo sobre unas vacaciones o un viaje que hiciste...

Ahora la voz os sugiere que recordéis escenas de otras épocas de vuestra vida:

> Recordad vuestra graduación escolar o su equivalente...

Recordad levantaros esta mañana...

Recordad la primera vez que os enamorasteis u os apasionasteis por alguien...

Recordad una fiesta de cumpleaños reciente...

Recordad uno de los mejores días que pasasteis...

Recordad comprar u obtener este libro...

Recordad al Amigo percibiéndoos. Recordaos percibiendo al Amigo...

A medida que activais los recuerdos de la infancia, es posible que también estéis ayudando a vuestros bancos de memoria a ser más generosos con el crédito que os den. También recuperáis parte de la viveza de las percepciones infantiles, porque estáis despertando sus recuerdos, que incorporan su brillo a vuestras percepciones adultas. Al trabajar con los recuerdos de otras zonas temporales en nuestra vida, resintonizamos todos nuestros sentidos.

Podéis practicar vuestras nuevas destrezas de la memoria de muchos modos interesantes:

- Sacad una fotografía de vosotros siendo niños y observadla con atención. Cerrad los ojos y recordad todo lo que podáis cuando teníais la edad de la foto. Luego salid a la naturaleza y fijaos si vuestras percepciones han recuperado parte de la frescura que conocisteis de niños.

- Intentad el mismo ejercicio con una foto de vuestra madre o padre, o incluso con la de alguien famoso que admiréis. Comprobad cuánto «recordáis» sobre la vida de vuestro padre antes de nacer vosotros o acerca de una persona famosa a la que nunca habéis conocido.

En cuanto se activan los circuitos de la memoria, incluso podréis «recordar» acontecimientos reales que no presenciasteis. Puede que hayáis leído acerca de esos eventos o quizá hayáis visto una película o un programa televisivo sobre ellos, pero recordarlos con la imaginación puede hacer que parezca que estuvisteis allí.

La memoria imaginativa también potencia vuestra creatividad, porque os proporciona la práctica para establecer asociaciones en el teatro de la mente. Los vínculos fuertes entre la memoria y la imaginación os ayudan a inventar con más facilidad material nuevo.

Una vez más, imaginad que una voz os insta a recordar determinados acontecimientos. Pronunciarlos en voz alta activará la bomba de la imaginación creativa. Si lo preferís, también podéis escribirlos en un diario.

Vuestro Amigo os ayudará a invocar las asociaciones, ya que posee acceso directo a todas las cosas que habéis aprendido, visto o imaginado. Asimismo, podéis imaginar que vuestro Amigo os une con el inconsciente colectivo, el alma y la memoria de toda la especie humana.

¿Listos? Empecemos.

Recordad navegar en el primer viaje
con Cristóbal Colón...

Ahora, por favor, recordad la construcción de la Gran Pirámide en el antiguo Egipto...

Recordad a Juana de Arco conduciendo a los ejércitos de Francia...

Recordad a Francisco de Asís hablando con las aves...

Recordad a Abraham Lincoln pronunciando el «Discurso de Gettysburg»...

Recordad a Cleopatra navegando Nilo abajo en su perfumada barca dorada...

Recordad a los dinosaurios comiendo las hojas de las copas de los árboles...

Recordad la creación de la Tierra...

Recordad la creación del universo...

Y ahora no os preocupéis por la lógica, y tened presente cómo seréis dentro de diez años...

Recordad esta Tierra dentro de un millón de años...

Recordaos totalmente en el momento presente...

Os resultará fácil continuar vosotros mismos con esta práctica.

- Estudiad una vieja fotografía de gente del siglo XIX caminando por las calles. Imaginaos atrás en el tiempo, y situaos en esa escena.

- Haced que la visita a un museo sea una aventura imaginativa en un viaje en el tiempo. Sumergíos en otras eras, «recordándoos» a través de los cuadros como una gran dama de la corte francesa, un santo e incluso como el Niño Jesús. Imaginaos en el famoso cuadro de la firma de la «Declaración de Independencia», y añadid vuestra rúbrica al documento. Colocaos detrás de la modelo mientras Leonardo da Vinci pinta la *Mona Lisa*. Luego id a almorzar con él.

- Al leer una novela histórica, descubríos dentro de la aventura, inventando diferentes personajes, diferentes tramas e incluso distintos finales. En poco tiempo quizá descubráis que la habilidad de vuestra mente para fabricar novelas exige expresión, y las historias y los argumentos bullirán en vuestro interior.

Jugad con estas prácticas el tiempo suficiente y os convertiréis en artistas de la «memoria lejana».

¿Recordáis la intención creativa que experimentasteis con todos vuestros sentidos al final del viaje al reino sensorial?

Imaginad, una vez más, que dicha intención tiene lugar, pero ahora experimentadla con más intensidad. No sólo están activados todos vuestros sentidos, sino que también consideráis la visión de realizar vuestra intención con una especie de claridad imaginativa que hace que os parezca más real que antes. Al «recordar» vuestra intención creativa del modo en que podría desarrollarse en el futuro, la introducís con más solidez en vuestro plan vital.

Al revivir vuestra intención, fijaos qué ideas y elementos nuevos se le incorporan. También fijaos en los cambios que haya podido experimentar y que os pueden parecer más realistas, como si ya estuvieran produciéndose. En cierto sentido, ya *están* produciéndose, pues en este ejercicio aviváis la pasión por lo posible, haciendo que sea un acontecimiento más factible. Poneos a ello e imaginad vuestra intención con la máxima plenitud que podáis...

Felicitaos. Os habéis preparado en vuestro interior para que lo que más deseáis se manifieste en vuestra vida. Más aún, la imagen interna del éxito que habéis generado os hace más propensos a buscar oportunidades para trabajar creativamente en la realización de vuestra intención. Una imagen vívida os ayuda a daros la energía y concentración para aferraros a ella hasta que el sueño se vuelve realidad.

¿Pasamos a otra parte del reino psicológico y vemos qué contiene? Los vagabundeos os llevan más allá de cuevas de potencial, ríos de pensamiento, prados a rebosar de flores de emociones y estados de ánimo.

De pronto oís un tic-tac, un campanilleo, el anuncio atronador de una gran campana. Seguís los sonidos y llegáis al Templo del Tiempo. El reino psicólogico es la morada de muchas clases de tiempo, como no tardaréis en ver.

Al entrar en el templo, descubrís una sala llena con todo tipo de relojes. Hay uno de sol y uno de arena, un antiguo reloj de agua de China que deja que caigan gotas de agua a intervalos regulares. Mirad, ahí hay uno de iglesia del siglo XIV con un complejo sistema de cuerdas y poleas.

La sala está llena con relojes de cucú, Big Ben, de bolsillo, cronómetros, de pulsera, de alarma, de repisas, de los abuelos, e incluso un reloj atómico capaz de seguir el rastro de diminutas partículas de tiempo... hay guardianes temporales de todas las descripciones.

Mirarlos os hace pensar en los muchos tipos de tiempo que conocéis. Lo que consideramos tiempo de reloj es sólo una parte pequeña de vuestra experiencia del tiempo.

Vuestro cuerpo funciona en tiempo biológico con sus ritmos circadianos que gobiernan los ciclos del sueño y del despertar, la digestión, la respiración y otras funciones naturales.

También estáis familiarizados con el tiempo volador cuando os divertís, con el lento como una tortuga cuando os aburrís, e incluso con el tiempo paralizado en momentos de impacto o perplejidad. Con regularidad experimentáis estar fuera del tiempo, perder el tiempo, el tiempo apretado, el tiempo de enamorarse, el de la ansiedad, la meditación y el atemporal.

Si alguna vez habéis pasado por un momento de gran creatividad o habéis tenido una experiencia mística o extasiada, sabéis qué se siente cuando la eternidad rompe vuestras categorías habituales de tiempo.

Pensemos ahora cómo sería si dispusiéramos de todo el tiempo del mundo para jugar. En realidad lo tenemos, y aprender a usar el tiempo de muchas maneras distintas es uno de nuestros grandes potenciales desaprovechados.

Para empezar nuestro juego con el tiempo, probemos un ejercicio en el que nuestra recién afilada habilidad con la imaginería interior nos ayuda a experimentar tanto en unos minutos como lo que habitualmente nos llevaría una hora, un día o incluso más.

Como ya habéis descubierto, las imágenes no sólo son visuales. También pueden ser cenestésicas, sentidas en el cuerpo como sensaciones musculares. Pueden ser imágenes auditivas, o incluso imágenes que se pueden probar u oler. Asimismo pueden ser una mezcla de sensaciones, y se las puede comprender o conocer de un modo imaginativo o intuitivo.

Cuando pensamos en imágenes, nuestro cerebro parece necesitar menos tiempo para alcanzar una conclusión, revivir un acontecimiento o ensayar una destreza que el que requiere cuando lo hacemos del modo corriente. Algunos científicos creen que ese atajo temporal se produce porque pensar en imágenes involucra un mayor uso del hemisferio derecho del cerebro, que no procesa el tiempo de un modo lineal, una cosa seguida de la otra.

Dejad que os muestre lo que quiero decir. Elegid algo que queráis explorar en imágenes de esta lista:

- Haced un viaje maravilloso a un lugar nuevo, o visitad otra vez un sitio al que hayáis ido en el pasado.
- Investigad un proyecto relacionado con vuestro trabajo.
- Idead y cocinad un plato complicado y delicioso.
- Redecorad vuestra habitación o toda la casa.

¿Os habéis decidido?

Ahora digamos que disponéis de un minuto de tiempo de reloj para realizar este ejercicio. En ese minuto cerraréis los ojos y experimentaréis tantas escenas, acontecimientos o cuadros de pensamiento como podáis relacionados con el viaje, el proyecto, la comida o la casa.

Cerrad los ojos y dejad que el minuto empiece ahora...

¡Se ha acabado el tiempo! Subjetivamente hablando, ¿cuánto tiempo parece haber transcurrido?

Algunos puede que sintáis que horas, meses o incluso años. Otros podréis decir que el intervalo pareció atemporal. Aunque hayáis experimentado el tiempo como sólo un minuto o menos, ¿cuántas imágenes distintas visteis?

En el mundo del tiempo subjetivo, el tiempo interno se puede experimentar hasta llenar muchas horas. Podéis encontrar caras y lugares por todo el mundo —la Gran Muralla china, una playa en las Antillas, jugar al fútbol en la calle enfrente de vuestro antiguo colegio, una boda, el nacimiento de un niño—, cualquier acontecimiento que hayáis o no experimentado.

En cuanto ganéis acceso a las variedades de tiempo, podréis practicar y mejorar vuestras habilidades con rapidez y disponer de todo el que necesitéis para lo que deseáis hacer. Lo más importante, descubriréis que el tiempo es un amigo y no un enemigo.

En realidad, en todo momento dilatamos el tiempo tanto como lo acortamos, pero rara vez somos conscientes de ello. Un buen truco para trabajar de modo consciente con el tiempo es imaginar una regla de noventa centímetros de largo. Pensad en los primeros treinta centímetros como en tiempo pasado, en los treinta intermedios como en tiempo presente y en los últimos treinta como en tiempo futuro.

Ahora, en vuestra imaginación, acortad el pasado y el presente a veinte centímetros cada uno, y estirad el futuro en cuarenta centímetros. Visualizad los segmentos de la regla expandiéndose o contrayéndose. ¿Qué cambios notáis en el cuerpo y en vuestras percepciones cuando estiráis de ese modo el futuro? Quizá experimentáis una sensación de paz, como si dispusierais de todo el tiempo que necesitáis para llevar a cabo lo que queréis. ¡Qué manera maravilosa de reducir el estrés de un día ajetreado!

Ahora, dilatemos el pasado. Imaginad de nuevo la regla del tiempo. Encoged el futuro a veinte centímetros y mantened el presente en sus veinte centímetros actuales, luego extended el pasado otros veinte centímetros. ¿Os veis ahora de pie en la cima de una enorme montaña de experiencias? ¿Sois más conscientes de vuestras raíces y del tejido de interconexión existente entre la gente y las cosas?

Para nuestro experimento final, contraigamos el pasado y el futuro a siete centímetros y medio y extendamos el presente a setenta y cinco centímetros. Ahora mirad a vuestro alrededor. ¿Está vuestro entorno cargado con la energía de la presencia? Fijaos también si vuestro nivel de energía ha aumentado. Un presente radicalmente extendido es un buen estado para cultivar en momentos en que debáis concentraros en algo.

La siguiente ocasión que tengáis una conferencia o reunión aburridas, invocad mentalmente la regla del tiempo y usadla para extender vuestro sentido del tiempo pasado. A menudo descubriréis que la conferencia parece más breve. Por otro lado, cuando estéis pasándolo bien con algún amigo especial, extended el futuro en la regla para concederos la percepción de interminables horas de júbilo.

Con práctica, podéis conseguir una gran eficacia y aprender a acelerar o reducir el paso del tiempo a voluntad.

Disponer de más tiempo subjetivo también os proporciona tiempo para repasar y recordar el gozo. Recordarlo os abre relaciones mejores, una comprensión más honda y una mayor apreciación de la vida. Y dejáis de aburrir a Dios.

Probemos otro de estos juegos. Tomaos otro minuto del tiempo de reloj para recordar un incidente de vuestra vida que os provocara un júbilo considerable. Utilizad todos los sentidos y facultades imaginativas y morad en ese lugar de júbilo recordado como si aún siguierais allí. Permaneced en ese estado el minuto entero...

Al regresar, ¿cómo os sentís?

Revivir el gozo es un modo de construir una vida de apreciación. Cuando yo me encuentro deprimida, la práctica de recordar el júbilo me brinda una perspectiva más verdadera de mi vida.

Con excesiva frecuencia caemos en el patrón de recordar sólo las tristezas o los momentos dolorosos. Centrarse en la negatividad aumenta nuestra sensibilidad al dolor y nos fija de modo más intenso a cualquier dificultad que surge en nuestro camino. Si mantenemos ese patrón, pasamos del dolor crónico al cinismo, luego a la paranoia y a pensar que el mundo nos la tiene jurada.

Revivir el júbilo surte el efecto contrario. Intentad aplicar a vuestros pensamientos lo que los budistas llaman atención. Cuando un recuerdo desdichado o una idea tóxica empieza a cruzaros la mente, decid: «¡Basta!» y reorganizad los pensamientos para recordar el gozo.

Si no lo conseguís, entonces probad a practicar el agradecimiento por todo lo que tenéis y lo que sois. Poco a poco, reconstruiréis la mente hasta convertirla en una ciudad de luz en vez de que sea oscuros callejones sin salida.

La práctica de la gratitud por lo que nos pueda traer el día descubre el lado de la vida que se encuentra más allá de las sombras. Cuando miro a mi alrededor, estoy agradecida por la belleza de la planta que tengo en la mesa, el sonido de la voz de mi marido en el piso de abajo, la inteligencia de mi gato negro y blanco, Bóxer, que está sentado aquí, mientras escribo, pensando cómo deshacer los nudos de mis zapatos.

Mirad ahora a vuestro alrededor y captad todo aquello por lo que estáis agradecidos. Puede que veáis cosas grandes o pequeñas, un patrón de luz en la pared, una persona o una mascota, un estado de ser, un mundo... lo que sea. Si lo preferís, pronunciad en voz alta algunas de ellas y explicad por qué estáis agradecidos de que estén en vuestra vida. Si queréis, haced una lista en el diario.

Notad el cambio mental y corporal mientras practicáis. Si de verdad queréis cambiar vuestra vida, comprometeos a practicar la gratitud todos los días. Percibiréis las dimensiones de las cosas con mayor claridad, capacitaréis a las personas con más presteza y veréis que sois participantes más entusiastas en este notable mundo.

Vuestra memoria y creatividad también pueden mejorar, ya que cuando estáis en un estado de gratitud prestáis más atención a las cosas.

¿Por qué?

Porque las apreciáis.

Varias veces al año podéis dar una «Fiesta de Apreciación» para amigos o personas que admiréis y con quienes queráis celebrarlo.

Tal vez deseéis incrementar el estado general de bienestar escribiendo una carta siempre que sintáis el impulso de darle las gracias a alguien por un logro conseguido. Siempre que yo disfruto de un libro, le escribo al autor para darle las gracias por su obra. Intento hacer lo mismo por la gente que se pone en primera línea, como las enfermeras, los asistentes sociales, los maestros y, sí, incluso algunos políticos.

Habiendo pasado algún tiempo en «lugares altos», me ha impresionado descubrir la poca apreciación que llega a recibir la gente dedicada a la vida pública. Lee las cartas de ánimo con un júbilo y una gratitud asombrosos.

Hablando de gente a la que podríais estarle agradecida, vuestro Amigo ha tenido una idea. Ahora podría ser el momento adecuado para volver a estar con la tripulación interior y descubrir cómo os puede ayudar en vuestra vida cotidiana. Recorréis rápidamente el sendero del bosque hasta llegar a un claro donde os aguarda vuestra particular tripulación.

Mirad en derredor y ved o sentid su amante presencia. Es maravilloso tener tanta gente interior dispuesta a ayudaros, tantos maestros de diversas aptitudes e idiosincrasias: Cocinero, Pintor, Fontanero, Psicólogo, Sanador, Mecánico, Contable, Inventor, Poeta, Experto en relaciones, Padre, Orador, Amante, Comediante, Compañía animal, Limpiador de casas, Escritor, Cantante, Organizador de grupo, Miembro de grupo, Director del tiempo, Místico, Compasivo.

Hay muchos más. Algunos dominan una habilidad específica que poseéis, como nadar, tocar el violín o tejer.

Otros representan vuestros diversos papeles y relaciones: hija, hermana, mejor amigo, mentor.

Cualquier cosa con la que tengáis familiaridad y práctica, sin importar que sea grande o pequeña, ostenta un experto interior que siempre está a mano para daros apoyo, con quien podéis consultar y que os inspirará en vuestros esfuerzos exteriores.

¿Os gustaría una consulta de prueba?

Elegid una destreza en la que os gustaría trabajar y pedidle al maestro de dicha habilidad que se adelante. Ese ser os conduce a un sitio cercano donde podéis trabajar juntos para mejorarla. Allí están todos los materiales que necesitáis —pinturas, piano, palos de golf, raquetas de tenis, ordenadores, zapatillas de baile—, lo que sea.

El mismo espacio que os rodea parece colmado con la esencia de vuestra destreza. En este nivel de la psique, hay disponible una cantidad enorme de información que normalmente no es procesada por la mente consciente. Vuestro maestro interior tiene acceso a todo el conocimiento que hayáis acopiado, consciente o inconscientemente, sobre esa destreza, al tiempo que posee algunos trucos nuevos. Cuando llamáis a ese maestro específico, parte de su conocimiento oculto se puede recoger e integrar en vuestro aprendizaje.

Veamos cómo funciona.

El maestro puede comunicarse con vosotros con palabras o sin ellas. Quizá las enseñanzas se perciban como una sensación muscular o aparezcan como un súbito conocimiento intuitivo. Quizá se os aconseje que practiquéis viejas capacidades, o tal vez se os enseñe algunas nuevas. Sea como fuere, ese ser que ostenta la maestría os proporcionará instrucciones profundas y potentes. Al recibir ese entrenamiento intensivo, os sentiréis cada vez más libres, espontáneos y confiados, e incluso superaréis cualquier inhibición o bloqueo que tengáis.

En este ejercicio trabajaréis con tiempo subjetivo, así que conseguid un despertador o que un amigo os controle el tiempo.

Daos cinco minutos de tiempo de reloj, que, subjetivamente, equivalen a todo el que vais a necesitar. En esos minutos, horas o días, disfrutaréis de una rica sesión de aprendizaje con el maestro de la destreza, repasando y mejorando vuestra habilidad. Cerrad los ojos y empezad...

Regresando, percibid cómo os sentís corporalmente. ¿La destreza es más parte de vosotros? ¿Tenéis una sensación mayor de placer y confianza con ella? ¿Anheláis llevarla a la práctica?

De hecho, si os es posible probarla ahora, hacedlo y comprobad si ha habido mejoras técnicas. Practicar con el maestro interior es algo que podéis hacer una y otra vez.

Pasado un tiempo, no tendréis que repetir los pasos para llamar a ese miembro de vuestra tripulación. El experto interior formará tanta parte de vosotros que siempre que practiquéis será como si recibierais instrucciones y mejoras.

Se emplea el mismo procedimiento para llamar a los otros miembros de vuestra tripulación interior que poseen dominio en otras destrezas o cualidades de excelencia. Si os dais tiempo y las practicáis en el nivel interior, sus manifestaciones exteriores crecerán con mayor rapidez.

Con este proceso incluso se pueden obtener las habilidades relevantes para la comunicación y las relaciones mejoradas.

Ahora tal vez deseéis invocar al Experto en Relaciones. Este miembro de vuestra tripulación interior os ofrece el don de la comunión, de entrar en contacto con el Yo Esencial de alguien a quien conozcáis en vez de continuar atascados en viejos y agotados patrones de relación.

He aquí un modo en que podría funcionar una de estas sesiones. Pensad en la persona con la que os gustaría llevaros mejor. Usad todos los sentidos para hacer que la imagen de dicha persona aparezca con claridad: su aspecto, su voz, sus hábitos, actitudes y modo de ser.

Ahora imaginad que el Experto en Relaciones os lleva a un sofá especial donde podéis relajaros y hablar.

Y ahora, quizá, el Experto os sugiere que entabléis con la persona que hayáis traído mentalmente una conversación sobre los temas que os dividen. Desde luego, vosotros llevaréis las dos voces en el diálogo imaginario. Desprenderos de vuestros prejuicios sobre la otra persona y hablar en serio con su voz puede aportaros muchas percepciones.

Si alcanzáis un punto muerto en la conversación, pedidle al Experto en Relaciones que os ayude a progresar. Por ejemplo, éste podría indicaros que vosotros y vuestro amigo o relación sois maestros del otro, puliéndoos y refinándoos gracias a vuestras propias diferencias.

Bajo la guía del Experto en Relaciones, podríais imaginar entonces que sostenéis la mano de la otra persona y que veis con profundidad en su naturaleza esencial. Al mismo tiempo, la persona con la que buscáis llevaros bien ve hondamente en vuestra mente y corazón. Si surgen las emociones, dejad que éstas profundicen la comunión. Llorad si lo necesitáis, y permitid que vuestro amigo o relación os conforten.

Cuando sintáis que de momento la sesión ha acabado, pedidle al Experto que siga ayudándoos en vuestra relación. Prometeos que siempre que podáis, intentaréis hacer que esta actitud de honda escucha y comunión sea un encuentro real con vuestro amigo.

El Amigo ahora os coge de la mano y os lleva de vuelta a encontraros con el resto de la tripulación interior. Entre ellos puede que os sintáis particularmente atraídos para trabajar con el Sanador.

Puede que penséis que éste es el representante de la sabiduría y conocimiento innatos de vuestro cuerpo, la parte de vosotros que tiene acceso a miles de millones de piezas de información sobre vuestra salud y bienestar.

Al permitir que la esencia del Sanador ocupe vuestra conciencia, podéis obtener un mejor sentido de lo que necesitáis hacer para alcanzar y mantener vuestro óptimo estado de salud.

Si deseáis consultar a vuestro Sanador interior, tomad su mano y mirad profundamente en sus ojos. Preguntadle qué podéis hacer para mejorar vuestra salud. Las respuestas pueden llegar en palabras o imágenes, estados de sensaciones o fuertes corazonadas.

Dependiendo de lo que necesitéis en ese momento, podéis formular preguntas prácticas sobre vuestros síntomas, si tenéis que tratarlos o dejarlos. Podéis pedir consejo sobre dieta y ejercicio. Y lo más importante, podéis solicitar una fuerte impresión sobre cómo os sentiríais al encontraros en vuestro cuerpo perfectamente funcional.

En realidad en todo momento trabajamos de este modo con el Sanador. Si sois padres, ¿no «sabéis» a menudo cuando el dolor de estómago de vuestro hijo requiere una atención médica o sólo un abrazo? La consulta con vuestro Sanador interior os permite aplicar sobre vosotros el mismo tipo de intuición.

Podéis entrar en contacto con otros aspectos de vuestro conocimiento natural interior trabajando con otros miembros de vuestra tripulación interior: el Inventor, el Amante, el Estudiante, el Escritor, el Organizador de Grupo, el Místico. Al mirar a cada uno, quizá recibáis una fuerte sensación de identificación e incluso, en algunos momentos, de fusión, obteniendo algo de esa habilidad específica que contiene esa parte de vosotros mismos.

Si la noción de tener tantos «seres» dentro de vosotros os resulta extraña, se debe a que nuestra cultura enfatiza que cada persona posee una personalidad o papel únicos y consistentes. Tendemos a vernos a través de una sola lente como abogados, maestros o fabricantes de casas, como si esa etiqueta expresara todo lo que somos. Describimos nuestra personalidad como «extravertida» o «tranquila y tímida», como «amigable» o «solitaria», como si esos términos expresaran todo lo que somos o podemos ser. Trivializamos los demás intereses que tenemos, las otras partes de nosotros mismos, llamándolos «aficiones», o rara vez pensamos que son aspectos de nosotros.

Al nivel interior, ese énfasis sobre una personalidad unificada se traduce en un «ego local» limitado, a través del cual medimos y sopesamos cada experiencia y reto nuevos. «¿Esta nueva actividad o persona refuerza mi ego local, el sentido de quién soy?», nos preguntamos. Si es así, lo aceptamos y lo incorporamos a la concepción que tenemos de nosotros mismos. Si amenaza la fortaleza del yo unificado, tachamos de proscrita esa nueva experiencia o persona y la expulsamos.

¿Cuántas oportunidades para el crecimiento y el desarrollo nos negamos al pensar en nosotros mismos de este modo limitado? ¿Qué nuevas destrezas y experiencias, nuevos amigos o asociados, nos perdemos porque en la superficie parecen «ajenos» a nosotros?

Sin embargo, hay otra manera de ser. Lo que consideramos «personalidad» cambia de una época o cultura a otra. Entre muchos pueblos indígenas, el énfasis que ponemos nosotros en satisfacer los deseos de un ego local unificado es considerado una locura.

En Bali, por ejemplo, la gente no tiene problemas para habitar diferentes partes de sí misma. En el transcurso de una semana, un balinés podría ser arrocero, fabricante de máscaras, músico en la orquesta, bailarín o intérprete en los dramas rituales, diseñador textil y miembro de algún club de servicios, al tiempo que no abandona su gran entrega a todas las generaciones de su familia. Cada uno de esos papeles «es él», y cada uno recibe un énfasis y una atención especiales mientras lo ejecuta.

El ideal balinés de una personalidad fluida y múltiple podría servir de modelo para una psique más sana, a la que todos podemos aspirar a medida que desarrollamos un mayor acceso a las poblaciones de nuestro propio espacio interior.

Si la esquizofrenia, la división o fragmentación de la personalidad, es la enfermedad de la condición humana moderna, entonces la «polifrenia», obtener acceso a las diversas partes de nuestra personalidad, puede representar nuestra salud extendida. En un mundo de encuentros crecientes con muchas culturas y modos de ser distintos, la manera de evitar verse abrumados es tener una congregación activa de personalidades a las que poder recurrir.

Si deseáis explorar la riqueza de un yo extendido, volveos polifrénicos tanto en la práctica como en personalidad.

Intentad tomar clases de algo que jamás pensasteis que podíais hacer, como mecánico de coches, bailarina de la danza del vientre o recolector de setas silvestres. Hace poco empecé a jugar al béisbol. Un muy respetado líder espiritual norteamericano-hindú al que conozco está aprendiendo a jugar al hockey.

El desarrollo de destrezas nuevas e inusuales tiene una forma maravillosa de ampliar el abanico y los atributos de vuestros diversos yoes.

En nuestra congregación interior también hay seres que parecen ser nosotros en edades anteriores. Popularizados (y ridiculizados) por nombres como «el niño interior», se ha llegado a estas versiones primeras de nuestro yo con muchos procedimientos, incluyendo la hipnosis, la meditación, la concentración interior, e incluso la estimulación eléctrica del cerebro.

¿Por qué querríamos ponernos en contacto con estos seres? ¿Qué bien podrían proporcionarnos en la actualidad?

El truco radica en que estas versiones anteriores de nosotros mismos a menudo se ven enraizadas en actitudes y heridas que experimentamos en momentos pasados de nuestra vida. Ahí están nuestros yoes más jóvenes, atrapados en una especie de distorsión temporal, representando una y otra vez las mismas y tristes historias. No saben que hemos crecido y seguido adelante, y persisten en proyectar traumas antiguos en nuestra actual corriente de pensamiento.

Al visitar a una versión primera de nosotros mismos como amigos y sabios consejeros, podemos proporcionarles bienestar o sanar parte de su dolor, y, al hacerlo, redirigir los patrones y las tendencias emocionales de nuestra mente actual.

Quizá queráis llevar a ese encuentro al Amigo, ya que contiene la totalidad de vuestra vida y recuerdos, o incluir a algunos otros miembros de vuestra tripulación interior en el grupo de recibimiento, quizá al Psicólogo, al Padre o al Sanador.

Tomaos unos momentos para pensar en algunos tiempos de vuestra vida en que habría sido muy sanador haber recibido la visita de vuestro yo actual, quien posee la sabiduría y comprensión que habéis adquirido en los años transcurridos.

Por el bien del ejercicio inicial, tal vez sea mejor no seleccionar momentos en que habéis estado atrapados en algún trauma. Más bien, buscad periodos de confusión o conflicto, cuando habríais apreciado a un consejero sabio y compasivo.

¿Listos? Empecemos.

He descubierto que resulta eficaz caminar hacia atrás mientras se regresa en el tiempo para encontrarse con uno mismo en fases anteriores. También ayuda poner música tranquila y meditativa para el proceso de este viaje.

Comenzamos cerca del presente. Pensad en un tiempo de la última década en que necesitasteis un amigo que os ofreciera ánimo y apoyo psicológico. Al regresar mentalmente, pedidle a esa persona que fuisteis que se muestre.

Imaginad ese yo anterior con la máxima nitidez que os sea posible. Vedlo de pie delante de vosotros. Cogedle las manos y, apoyados por los miembros de vuestra sabia tripulación que hayáis llevado, hablad con él, dándole el ánimo y la capacitación que pueda necesitar.

Si en esta fase el yo necesita liberar dolor a través de las lágrimas o una manifestación furiosa, manteneos junto a él en amistad y presencia. A medida que vuestro yo más joven comienza a sentirse más seguro, ayudadlo a ver las consecuencias positivas que han resultado de su herida, y ofrecedle la perspectiva de vuestra experiencia y sabiduría actuales...

Cuando esta parte del proceso parezca completada, pedidle a ese yo anterior que se una a vosotros en la visita a un yo más antiguo, quizá el de veinte años.

Caminando de nuevo hacia atrás, llegáis a vosotros mismos en la primera fase de la vida adulta, cuando de verdad necesitabais un consejero sabio. Quizá ese yo está confundido sobre la elección de profesión o de pareja. Estad presentes como sabios consejeros. Decidle cómo han salido las cosas, contadle los gozos y satisfacciones que habéis experimentado en la vida debido a la difícil decisión que ha tomado...

Cuando parezca concluida esta parte del proceso, caminad una vez más hacia atrás, llevando a vuestro joven adulto a visitaros de adolescentes.

Escuchad al adolescente que fuisteis, lleno de esperanzas, sueños y miedos, ansiedades y anhelos. Sentid las heridas que haya podido sufrir vuestra alma en crecimiento. Garantizadle a ese adolescente que las heridas que vive son las fortalezas del mañana. Dadle el coraje de ser. Contadle que la vida sigue adelante y que en el futuro habrá más herramientas para vivirla...

En compañía de vuestro adolescente, viajáis todavía más atrás, a una época en que como una persona muy joven os habría venido bien un amigo mayor y más sabio. Sorprendentemente, ese niño que es vosotros da por hecha vuestra presencia.

«Por supuesto», podría decir, «eres yo de adulto. ¿Quiénes son los demás?»

Presentadle a todos vuestros otros yoes y sentaos con el niño a hablar de lo que pasa por su vida. Si se siente solo o considera que no es valorado, dadle ánimo y capacitadlo; habladle de sus propios talentos y fuerzas. Proporcionadle un sentimiento de maravilla sobre su cuerpo y su mente y los tesoros que contienen...

Como último paso hacia atrás, invitad al niño a que se una a vosotros y al resto de la tripulación para visitaros siendo bebés.

Experimentad ahora la maravilla de acunar en los brazos a vuestro yo bebé. Mirando el niño que fuisteis con gozo y ternura, dadle la bendición de todas vuestras vidas. Dejad que repose en la seguridad y el amor que traéis, dones equivalentes a oro, incienso y mirra...

Vuestro Amigo ahora se gira, os mira intensamente y dice: «¿Os gustaría tomaros un momento para contribuir al diseño de vuestra vida?»

«¡Por supuesto!», respondéis.

«Seguidme.»

El Amigo cruza lo que parece un abismo. Al principio estáis nerviosos porque da la impresión de que sólo hay vacío bajo vuestros pies. Pero entonces el suelo se torna sólido y sois conducidos a una cámara que existe fuera del tiempo y del espacio, donde los grandes Guardianes del Patrón tienden las posibilidades para cada vida.

Quizá imagináis a vuestros Guardianes del Patrón como tejedores que entrelazan las muchas hebras y colores de emoción y experiencia. Ahora pensad con sumo cuidado sobre qué material o hebra de posibilidad queréis incorporar con más ahínco en el tapiz de vuestra vida.

¿Es una hebra de oportunidad? ¿La seda de una relación? ¿La lana de un desafío? ¿O quizá el satén del bienestar y una abundancia razonable?

Tal vez deseéis consultar con vuestros yoes anteriores para que os ayuden a elegir un patrón sabio y fructífero. Cuando creáis que ya lo tenéis, describidle el nuevo diseño a los Guardianes del Patrón. Observad y sentid cómo es colocado en vuestra vida, pues estáis en el lugar de una nueva génesis.

Ahora os despedís de los Guardianes del Patrón y empezáis a avanzar en el tiempo, bendiciéndoos en cada edad con este nuevo patrón de capacitación.

Al alcanzar vuestra edad actual, veis una figura que se os acerca desde la distancia. Es una persona mayor muy sabia. Al aproximarse, veis que se trata de vuestro yo futuro. Esa persona sabia os abraza y os brinda fuerza, gracia y coraje desde el futuro.

Os habla de los caminos maravillosos que os aguardan y os proporciona algunos consejos para tomarlos. Escuchad con atención y aprended...

¿Qué podemos decir de este proceso?

Desde luego, nada de lo que hayáis hecho modifica las cosas que de verdad sucedieron en vuestra vida. Sin embargo, habéis hecho algo igualmente maravilloso. Habéis enriquecido el camino de vuestra experiencia.

Sabemos que los episodios de nuestra vida están codificados en el cerebro. Pero éste no establece muchas distinciones entre lo sucedido históricamente y el modo en que la memoria se ha visto remodelada o reimaginada. Como resultado de este ejercicio, vuestros recuerdos de lo que aconteció se han unido a recuerdos nuevos de bienestar y sanación, ánimo y capacitación.

Después de trabajar con este proceso, muchos de mis estudiantes manifiestan sentir que han conseguido una mente más amplia y un mayor sentido del alma. Los antiguos temores y deficiencias se desvanecen. Al entregarse a un «pasado ahondado», han vuelto a entretejer sus recuerdos, añadiéndoles ricas capas de amistad y consejos sabios que podrán aprovechar en el futuro.

Puede que tengáis que repetir el ejercicio algunas veces a fin de obtener todo su valor. Aquí estáis realizando un verdadero trabajo cerebral, modificando el sendero del pasado tal como está grabado en vuestras células, liberando malos hábitos y una mente nueva, aportando energía y alma a los momentos en que quizá estuvieran perdidos.

La gloria de nuestras mentes es que podemos viajar atrás en el tiempo en nosotros mismos, para entrar en un punto de dolor con el fin de comenzar el proceso de liberación y sanación. Cada vez que nos enfrentamos a nuestras heridas con reconocimiento y aceptación, las curamos un poco más, capacitándonos y animándonos a no caer una y otra vez en el agujero negro de la desesperación.

Pero ahora es tiempo de abandonar el reino psicológico por la puerta de espejos y subir alrededor del interior de la montaña. Al cruzar la puerta que da al reino sensorial y probar la *mousse* de chocolate, seguimos subiendo hasta llegar a la cima, salir y volver a poner en su sitio la tabla de piedra.

Al bajar en derredor del exterior de la montaña, os asombráis ante las maravillas de la mente y su capacidad, y juráis realizar muchas incursiones por su interior. Pero de momento, regresáis a donde empezasteis, y desde allí pronto se iniciará una nueva exploración.

El viaje mítico

¿SABÍAIS que erais un Vínculo? Bueno, pues lo sois. Sois la conexión viva entre las grandes historias de todos los tiempos y lugares y la interpretación de esas historias en la vida cotidiana. Debajo del suelo de vuestro mundo diario yace el vasto sistema madre del Fue Una Vez y el Podría Ser.

Lo sentiréis si alguna vez fuisteis en busca de algo: un trabajo nuevo, un lugar donde os sentís como en casa, una nueva manera de ser.

En todas las búsquedas habéis vagado con Perceval en pos del Santo Grial, seguido el camino de ladrillo amarillo con Dorothy tratando de volver a Kansas, os habéis esforzado con Psique para reuniros con Eros, descubierto con Luke Skywalker los secretos de emplear la Fuerza, meditado con el Buda bajo el árbol bodhi, decidido a alcanzar la iluminación.

Contar historias es la forma más antigua de enseñar y el vehículo básico para la transmisión de la cultura de una generación a la siguiente.

Proyectaos cinco mil años o más al pasado hasta vuestros ancestros, reunidos en torno a un fuego vacilante, acurrucados contra el frío. Vuestra primera abuela comienza una historia acerca de estar perdidos en un bosque oscuro. Le toca el turno a vuestro primer tío, quien habla de bestias extrañas, espíritus andantes y talismanes mágicos. Vuestra primera prima tiembla de miedo y alborozo, se acerca y pregunta: «¿Qué pasa a continuación?»

Esta escena se ha repetido muchas veces a lo largo de las generaciones de vuestra familia, hasta que hoy os reunís alrededor de la pantalla vacilante del televisor o cine, entusiasmándoos con una historia de hace mucho, mucho tiempo en una galaxia muy lejana, donde en los oscuros rincones del espacio exterior los héroes encuentran aliados de gloriosa sabiduría y con ellos luchan contra las fuerzas de la oscuridad.

Las historias son el jugo por el cual avanza la conciencia y la cultura.

Si Jesucristo hubiera enseñado con conferencias largas y áridas en vez de con parábolas, ¿creéis que alguien hubiera escuchado?

Si las grandes epopeyas del *Mahabharata* y el *Ramayana* no estuvieran nutridas por el alma de la India, ¿sería dicha cultura tan fértil en riquezas espirituales?

Si viniera un visitante de otro planeta y le preguntara a la especie humana: «¿Qué sois exactamente?», tendríamos que contestar: «Somos narradores.»

Las historias son la moneda del crecimiento humano. A medida que se cuentan una y otra vez, que se oyen y se vuelven a oír, nos van revelando su significado más hondo.

Intuitivamente, todos nosotros conocemos el poder de una historia. Las intercambiamos con nuestros amigos y nuestra familia, y a menudo es la misma.

Un viejo amigo nos dice: «¿Te he contado...?»

Y nosotros respondemos: «Por supuesto, pero vuelve a contármelo», pues en cada narración los hechos se vuelven más claros, se refina el oro del significado y se proyecta una nueva luz sobre los rincones oscuros.

Además, el modo en que consideramos nuestra vida como una historia con frecuencia determina la manera en que la vida nos trata.

Si vemos nuestra vida como una historia trivial, no tardamos en caer en la inercia y el derrotismo. Verla como una historia grande nos pone en pie otra vez y nos ayuda a seguir viviendo.

Además, eso nos puede llenar con la pasión por lo posible, darnos códigos de acceso a un nuevo espectro de posibilidades y garantizarnos una vida mítica.

He aquí un ejemplo de lo que quiero decir. Una mujer que conozco veía la historia de su vida como una obra con un final infeliz. Sus hijos habían crecido y abandonado el hogar, su marido se hallaba inmerso en su trabajo y su vida consistía en ver a las mismas personas y hacer lo mismo. Sin una historia cautivadora, sin percibir que su vida iba a alguna parte, se sentía morir despacio de inercia.

Entonces, un día, una amiga le envió una postal. En ella había un poema de Emily Dickinson:

Yo no pintaría un cuadro,
preferiría ser Él,

para morar en su brillante
y maravillosa imposibilidad
y preguntarme cómo sienten los dedos
cuyo toque raro y celestial
evoca un tormento tan dulce,
una desesperanza tan suntuosa.

Tampoco sería un Poeta,
es mejor ser el Oído,
enamorado, impotente, satisfecho...
la licencia reverenciar,
privilegio tan terrible
ser el Don,
tener el Arte para asombrarme
con relámpagos de Melodía.

Cuando vio las palabras «desesperanza tan suntuosa», pensó: «¡Qué maravilloso alzarme de mi fútil desesperación a una suntuosa celebración de mi condición!»

Comenzó a pensar en palabras más primorosas para describir sus sensaciones: «el invierno ártico de mi alma», «campos en barbecho con el fracaso de la vida», «besos desérticos en el oasis de mi corazón».

Entonces recordó que siendo adolescente solía escribir poesía. Volvió a hacerlo, sobre cosas cotidianas.

«No estoy segura de que mis poemas sean exactamente relámpagos de melodía», me contó, «pero pensar en mí misma como poeta me mantuvo».

«¿Y luego qué pasó?», pregunté.

«Le envié un poema a mi hija casada, y ella respondió con uno suyo. Al poco hablábamos con asiduidad por teléfono y adquirimos una intimidad que no habíamos tenido en años.

»Y un día, durante un silencio en una conversación, me ofrecí a leerle unos poemas a mis amigas. Quedaron fascinadas, y en el lapso de una semana formamos un círculo de poesía. Empezamos a expresar y explorar sentimientos como jamás lo habíamos hecho.

»Una cosa condujo a la otra, y en poco tiempo me puse a crear círculos de poesía para los grupos de la iglesia de mi zona. Mi vida se había hecho más extensa».

Al año, esa mujer fue invitada a crear círculos de poesía para las mujeres de ciudad. Se ofreció voluntaria para ser la Amiga de muchachas adolescentes con problemas y se convirtió en una activista social que intentaba ayudar a las familias.

En la actualidad su vida es un poco inquietante, llena de aventura, y no la cambiaría por nada del mundo.

«Ahora me asombro con relámpagos de melodía», dice. «Y llevo melodías a sitios donde la gente ha olvidado que la vida tenía una canción.»

Al pasar de una historia pequeña a una grande en su vida, esta mujer giró una llave y abrió las puertas cerradas de su alma. Ahora lleva una vida que sólo se puede llamar mítica.

Esta historia demuestra lo fácil que es verse arrastrado al mito. Su poderoso lenguaje, sus símbolos e imágenes nos rodean, llenos de significado y propósito. El mito nos habla de la lucha para darle una vida nueva a una tierra yerma, de la muerte del alma y de su resurrección, de la búsqueda de los seres amados, de la gran herida que nos convierte en grandes sanadores.

Los mitos son grandes historias que mucha gente ha contado muchas veces con tantas variaciones culturales a lo largo de los años, que se han convertido en parte de la estructura de la conciencia humana.

O tal vez sea más exacto exponerlo al revés.

Los mitos expresan tan correctamente el profundo código de la conciencia humana, que la gente de todas las épocas y lugares se ha sentido impulsada a contarlos una y otra vez con el fin de expresar las verdades más profundas que conoce sobre sí misma.

Consciente o inconscientemente, nos sentimos atraídos por historias que aportan las piezas que faltan en el rompecabezas de nuestras vidas. Cuando las encontramos, las reconocemos al instante. Hay algo en ellas, un destello de conexión que nos hace decir: «En esta historia hay una pieza mía.»

Joseph Campbell, quien con toda probabilidad entendiera el mito mejor que ninguna otra figura de nuestro siglo, lo expuso mejor: «Los símbolos de la mitología no son manufacturados; no se los puede pedir, inventar o suprimir de forma permanente. Son producciones espontáneas de la psique, y cada uno tiene en su interior, inmutable, el germen del poder de su fuente.»

Nadie escapa al mito, sin importar cuánto lo intente ni lo corriente que sea su vida. Los humanos, en corazón y alma, son seres míticos. Codificadas en nuestras propias células, las historias se crían en nuestros huesos, se enfrían en nuestra sangre, viajan por nuestro sistema nervioso, se encarnan con nosotros en la tumba, se entrelazan en los papeles y rituales de nuestra vida, celebran nuestros triunfos, se duelen de nuestras tragedias.

Desde su mismo nacimiento, nuestra vida es una gran historia, un verdadero mito. Cada uno de nosotros crece en parte del esperma que ha triunfado, ese heroico de entre millones que luchó corriente arriba contra obstáculos insuperables para unirse con su otra mitad cósmica, para morir de forma gloriosa en la explosión de vida nueva.

Todo adolescente anhela la tierra que hay más allá del arco iris, el país mágico de la edad adulta donde nos desprenderemos de nuestra torpeza, asumiremos tareas importantes, nos verán como realmente somos y encontraremos a la gloriosa compañera de nuestra alma.

La típica crisis de la mediana edad es una especie de tragedia. Perdemos un trabajo, nuestro matrimonio se deshace, nos enfrentamos a una enfermedad seria. Esa pérdida de esperanzas y sueños a menudo parece una especie de muerte.

Pero como sucede en los mitos, nuestro sufrimiento tiene lugar en la mitad de la historia, cuyo final es tener acceso a unas habilidades y comprensión mayores, incluso a la resurrección a un nuevo modo de ser.

También la muerte es una transformación mítica; no un fin sino el cruce de otro umbral, una aventura hacia el Gran Misterio, donde unimos nuestra energía en el Lugar Originador, de donde proceden todas las grandes historias.

El mito es el inmenso don que el universo nos ha dado para ayudarnos en nuestro camino por el difícil curso de la vida. Cuando se nos recuerda las historias de generaciones pasadas, volviendo a conectar con ellas, ante nosotros se abre un rico y variado mundo de experiencia.

Las grandes historias permiten que nuestra vida sea más dilatada. Cuando reestructuramos nuestra historia vital como una gran historia o entramos conscientemente en los poderosos dramas de los mitos, encontramos metáforas nuevas para el conflicto y la conciliación, reforzamos los escudos personales, descubrimos objetos de poder para protegernos y forjamos vínculos nuevos con aliados interiores gloriosos.

El mito es como un campo de fuerza que carga los incidentes de nuestra historia personal con significado e importancia. Sustenta y forma nuestras actitudes emocionales, nos proporciona objetivos vitales y le da energía a todos nuestros actos cotidianos. Le da a la vida significado e ímpetu.

Cuando vinculamos nuestra vida con las experiencias de personajes míticos, heredamos un tesoro de experiencia que ilumina y fortalece las nuestras. No tardamos en descubrir que también nosotros somos personajes valiosos en el drama del alma mundial, ampliando los límites de nuestra propia historia local y ganando valor para ser y hacer mucho más.

Volvemos a expandirnos a la grandeza, y ocupamos nuestro lugar con Perceval y Penélope, con la Mujer Búfalo Blanco y la Dama del Lago, con Quetzalcoatl y Bridget y el Señor Spock.

El nombre del personaje nuevo que forjamos de la gran historia es Tú. Y el nombre del mito es Tu Historia.

Ahora, si estáis listos para explorar las formas en que una historia puede entrar en vuestra vida y darle energía, viajad mentalmente a la montaña del yo para descender al nivel del mito.

Aquí estáis de nuevo, subiendo por la montaña. En vosotros hay más que al principio de este viaje, más sentido y sensibilidad, una mayor capacidad física y emocional, más partes de vuestra personalidad. A medida que subís y subís disfrutáis del olor de los pinos, del crujir de los guijarros, las hojas y la tierra bajo los pies, de la luz moteada del sol a través de los altos árboles, del viento.

Llegáis a la cima y quitáis la losa de piedra. Aún no sois del todo capaces de leer su inscripción, pero algo os dice que cada vez estáis más cerca de descifrar su mensaje.

Os invade una extraña excitación. Este descenso por el pasadizo interior parece incluso más que un viaje, una visita a un sitio muy familiar y que rebosa con la promesa de descubrimientos nuevos.

Pasáis junto a la deliciosa puerta del Reino de los Sentidos, sintiendo cómo los vuestros están más despiertos. Pasáis junto a la entrada de espejos al Reino de la Psique, y os detenéis a echar un vistazo.

En esta ocasión no estáis solos en el reflejo. Muchos miembros de vuestra tripulación interior parecen de pie a vuestro lado. Uno de ellos se adelanta, sale del espejo y se os une. Es el Yo Esencial, aquel al que llamamos Amigo. Está de buen humor y da la impresión de saber algo que nosotros desconocemos.

Cogiendo la mano del Amigo hay otro miembro de vuestra tripulación, un niño vivaz que insiste en venir.

Conducidos por el Amigo, seguís bajando con el niño por el sendero en forma de espiral hasta que llegáis a la puerta ricamente tallada del Reino del Mito y el Símbolo.

Cincelados allí están los trabajos de Hércules, las peripecias de Arturo y Ginebra, la épica hindú de Rama y Sita, la historia navaja de la Mujer Araña y su creación de los cinco mundos. El Santo Grial se alza más grande que antes y parece emitir una luz que proyecta los rostros de héroes y heroínas de tiempos inmemoriales.

Abrís la puerta y os veis envueltos en un torbellino de actividad. Un hombre corpulento, barbudo y pelirrojo con un traje antiguo prepara los remos y despliega las velas de un navío oceánico de madera. Un caballero aprieta la cincha de su corcel, aprestándose para un viaje. Una muchacha joven con un perrito pisándole los talones mira el cielo con añoranza. Una joven pareja hindú llora al dejar la ciudad dorada.

Desconcertados, os volvéis hacia el Amigo. «¿Quiénes son estas personas? ¿Qué pasa aquí?»

«Son algunos de los grandes héroes y heroínas míticos al comienzo de sus historias», responde el Amigo. «Ese hombre corpulento es Odiseo listo para zarpar hacia Troya. El caballero es Perceval que irá en pos del Santo Grial. La muchachita es Dorothy soñando con la tierra que hay más allá del arco iris. Esa atractiva pareja son Rama y Sita. Están siendo desterrados de su reino y pasarán catorce años viviendo en el bosque.

»Si miráis más, veréis a muchos otros, pues nos encontramos en el reino de los comienzos míticos.»

«¿Qué hacemos aquí?», le preguntáis.

«Os uniréis al viaje», os responde, «y descubriréis cómo esas historias en realidad son las vuestras escritas con mayor grandeza, vuestras también las lecciones que aprendáis, vuestras pruebas y aventuras sólo que con atuendos llamativos.

»Elegid una para empezar hoy el viaje, sabiendo que siempre podéis volver otro día y realizar una elección diferente.»

«¿Cómo puedo elegir? Todas parecen tan tentadoras.»

De pronto el niño que os sujeta la mano os lleva hasta una escena en la que no habíais reparado. Un hombre joven con una mata de pelo rubio le da patadas a una máquina temperamental en un paisaje desértico.

«Conozco esa historia», interviene el niño. «Es Luke Skywalker. Veamos qué le sucede.»

«¡Qué divertido!», exclamáis y lo seguís.

«Buena elección», comenta el Amigo. «El niño en vosotros sabe que en esta historia pasa algo importante que tiene relevancia para vuestra vida e incluso para toda la cultura. La historia de *La Guerra de las Galaxias* es el viaje de un héroe en su encarnación más popular y reciente, un cuento clásico en un entorno de alta tecnología.

»El viaje de Luke Skywalker y sus aliados es el retorno del héroe de las mil caras. Os puede ayudar a descubrir los muchos rostros e historias que hay en vosotros.»

«¿Qué quieres decir con el viaje del héroe y quién es el héroe de las mil caras?», preguntáis.

El Amigo os lo explica. «¿Recordais cuando visitasteis el Reino del Mito y del Símbolo? Hicisteis un recorrido rápido por las fases del viaje del héroe: la Llamada de la Aventura, la Reunión de los Aliados, el Cruce del Umbral al Reino del Poder Amplificado, el Vientre de la Ballena, el Camino de las Pruebas y las Aventuras, Ganar un Gran Favor y luego Regresar como Señor de los Dos Mundos.

»Este patrón se encuentra en la mayoría de los grandes mitos del mundo, pues se halla enraizado en la psique humana al igual que en las fases de nuestra evolución. Miles de héroes y heroínas de la gran historia pasan por estas etapas. Si queréis que vuestra historia vital sea heroica, también debéis vivirlas. Ahora entremos en esta historia universal y veamos adónde nos lleva.»

De pronto sentís mucho calor. Alzáis la vista y veis dos soles arder en el pálido cielo azul. Ya no estáis en la tierra, sino en el polvoriento planeta de Tatooine. Tenéis el cuerpo de un flexible joven de veintiún años. Os domina un estado de ánimo de completa frustración. Ahí estáis, varados en un planeta perdido, haciendo un trabajo que detestáis, sin muchas esperanzas de escapatoria.

Anheláis desesperadamente que pase algo, cualquier cosa. Todos vuestros amigos se han ido. Si vuestro tío os dejara abandonar la granja para emprender el vuelo, como hizo vuestro padre, y convertiros en pilotos. Pero insiste en que os quedéis «sólo una cosecha más», igual que insistió el año pasa-

do y el anterior, y como sin duda hará el año próximo y el siguiente.

En vuestro interior sentís que estáis floreciendo. Destrezas sin usar y desconocidas aguardan su oportunidad para emerger. Pero ¿cómo podrá suceder?

¿Cuántas historias comienzan en un yermo, donde las esperanzas se ven frustradas, se imponen formas rígidas y se descarta a la gente joven? En *El Mago de Oz*, la versión cinematográfica de hace sesenta años del mito, otra joven frustrada se ve atrapada en medio de una sequía. La gris uniformidad del paisaje de Kansas simboliza su frustración, polvo y tierra sin alma.

Como los tíos de Luke, los de Dorothy están agobiados y crónicamente preocupados. Como Luke, Dorothy anhela un lugar más profundo y verdadero, donde los sueños que osa tener se hagan realidad de verdad. Pero hará falta un desastre del cielo para trasladar a Dorothy y a Luke fuera del sitio en el que están anclados hacia un gran camino de aventura.

Hay muchas posibilidades de que esa escena familiar no sea sólo de las películas. Encuentra su camino en vuestra propia vida, cuando os halláis atrapados en un mundo gris en que todo es lo mismo y donde impera la triste percepción de que no hay salida.

La gran historia nos recuerda que la vida proporciona esas situaciones «sin salida» para incrementar nuestra carga de encontrar un camino fuera del planeta de la desesperación, más allá del arco iris, hacia posibilidades nuevas.

Cerrad los ojos durante un minuto y recordad una época similar a la que atraviesan Luke y Dorothy. ¿Qué pasaba entonces? Invocad el recuerdo. Recorredlo. Escribidlo en vuestro diario, si lo deseáis. Volved a sentir lo que sentisteis, y recordad cómo era estar anclado y frustrado.

Todas las situaciones de yermos, tanto las vuestras como las de Luke y Dorothy, contienen el embrión del tiempo prometedor, una oportunidad mágica para aprovechar el día e invertir la situación. Pero para lograrlo, por lo general hace falta un cambio radical de conciencia, ya que no resulta siempre evidente qué camino tomar. A menudo uno tiene que verse arrastrado por las circunstancias y fuerzas abrumadoras.

Veamos qué le sucedió a Luke y recordad qué os pudo pasar a vosotros.

En el cielo, más allá de donde llega la vista, una nave de la alianza rebelde que transporta a la princesa Leia Organa ha sido capturada por las fuerzas imperiales al mando de un señor maligno, Darth Vader. Éste sospecha que la nave tiene los planos de la Estrella de la Muerte, la irreductible estación imperial de combate, con suficiente poder destructivo para hacer añicos planetas enteros e imponer el control absoluto sobre toda la vida en la galaxia.

Sabiendo que la nave ha sido capturada, la princesa Leia carga los planos robados en el pendenciero robot R2-D2, que, con su compañero, el minucioso robot humanoide C-3PO, sube a un vehículo espacial y desciende al planeta.

Cuando los robots, o androides, como los llaman, caen en posesión del tío de Luke, vosotros, en el papel de Luke, os ofrecéis a limpiar al pequeño. Descubrís que R2 lleva en su memoria un holograma de petición de ayuda de una arrebatadora y joven mujer: «Ayúdanos, Obi-Wan Kenobi. Eres nuestra única esperanza.»

El mensaje que se repite se graba en vuestro consciente, y contempláis a la joven en un estado de fascinación. Su belleza despierta en vosotros un anhelo de algo que es muy familiar y que olvidasteis hace mucho. Ahora que la habéis visto, nada volverá a ser lo mismo.

Cuando R2 se marcha por su propia cuenta a entregarle el mensaje al hombre que dice que es su propietario legal, partís con 3PO en vuestro vehículo para recuperarlo de manos del viejo Ben Kenobi, un ermitaño que algunos dicen que está loco y que vive en el borde del mar de dunas.

Ben Kenobi resulta ser algo más que un hombre loco. Al instante os sentís atraídos hacia su sabia presencia y sosegada fuerza. Está claro que andáis en aguas profundas, y tenéis la impresión de que sabe mucho más que lo que os revela.

Os enteráis de que Ben es el último de una sociedad legendaria de caballeros Jedi que defendieron la libertad de la galaxia pero fueron aniquilados por las fuerzas oscuras del imperio. Dice que tiene un regalo para vosotros, un arma elegante, una espada de luz, empleada por la misteriosa orden de los caballeros Jedi, a la cual también perteneció vuestro padre.

Cuando R2 os transmite todo el mensaje, la encantadora mujer joven es identificada como la princesa Leia. Ésta le ruega a Kenobi que le entregue el androide y los planos robados a su padre, en Alderaan, quien tal vez pueda usarlos para montar un ataque contra la Estrella de la Muerte.

«*Debes venir conmigo a Alderaan*», *os dice Kenobi. Os sentís muy tentados, pero el viejo patrón de obediencia a las normas y a los deseos de vuestro tío sigue siendo demasiado fuerte.*
  «*No puedo. Debo volver a casa.*»
  Pero ya no hay ningún hogar al que regresar. Las Fuerzas Imperiales han rastreado a los androides fugados hasta la granja de vuestro tío. Todo yace en ruinas. Todo el mundo está muerto. Vuestros puentes han sido quemados de la forma más terrible. La destrucción ha venido del cielo, y, os guste o no, vuestra aventura ha comenzado.

La Llamada de la Aventura, pues eso es lo que Luke experimenta cuando oye el mensaje de Leia, puede llegar de muchas maneras. Por lo general ocurre cuando descubrimos que vivimos en una condición anticuada, cuando nada de lo que hacemos funciona, cuando hemos superado la zona de comodidad y sentimos que nuestro verdadero hogar está en otra parte.
  Sin embargo, la Llamada no tiene por qué ser violenta, como sucedió con Luke. También puede llegar con tranquilidad, como una voz que clama desde vuestro interior o como un susurro de posibilidades nuevas. Pero, sin importar como venga, requiere una acción inmediata.
  Para el joven príncipe Gautama el Buda, a quien su padre había protegido de todas las experiencias desagradables, la Llamada llega cuando le pide a su auriga que lo lleve por la ciudad, más allá de los muros de palacio. Por primera vez ve a un anciano, a un hombre enfermo y un cadáver. Terriblemente afectado por esas visiones, Gautama jura abandonar su hogar e

ir en busca de un modo para poner fin a los sufrimientos humanos.

¿Cómo os ha llegado la Llamada a vosotros? ¿Fue un tirón suave, un clamor, una devastación de la vida que habíais conocido o, simplemente, vuestro espíritu se elevó para abrir puertas y ventanas a otro modo de ser?

O tal vez sentís que aún estáis esperándola, y, sin importar la edad que tengáis, aún os preguntáis qué vais a ser cuando seáis mayores.

Por amor a la aventura, veamos cómo puede ser en la actualidad la Llamada para vosotros. Seguid al Amigo, que os conduce a un cuarto vacío con suelo, paredes y techo de un blanco asombroso. Sobre un pedestal blanco hay un teléfono negro.

«¿Qué es este sitio?», le preguntáis.

«Se lo conoce como Estación de Llamada», responde. «Aquí recibís la Llamada dirigida al centro de vuestro ser. Ésta no os sugiere una solución a vuestros problemas cotidianos. No os dirá que vendáis la casa, cambiéis de trabajo o encontréis una nueva pareja. Es una Llamada que os desafía a despertar a un destino mayor.»

De pronto el teléfono empieza a sonar.

Al principio os mostráis renuentes, quizá un poco temerosos, pero el timbre insiste.

Levantáis el auricular y escucháis una Llamada que es únicamente para vosotros. El mensaje puede llegar en palabras, imágenes o incluso como una fuerte sensación o corazonada. No tengáis miedo de hacer preguntas, de entablar un diálogo con el Llamador. Si deseáis tomar notas de lo que oís o trazar un dibujo del mensaje, por favor, hacedlo.

Tomaos un momento para reflexionar acerca de lo que habéis aprendido ahora. Si no estáis seguros de lo que significa la Llamada, o si no tenéis impresiones, sabed que siempre podéis volver a este lugar para responder a la Llamada cuando se produzca.

En cuanto hayáis sido llamados a la aventura, necesitaréis algunos Aliados. El viaje de transformación es arduo y requiere un rico grupo de mentes y destrezas para tener éxito. En las historias tradicionales, los Aliados del héroe o la heroína a menudo son animales, miembros de otras especies, madrinas de cuentos de hadas o ayudas mágicas.

En *El Mago de Oz*, Dorothy encuentra tres de esos Aliados: un representante del reino vegetal, el Espantapájaros; del reino mineral, el Hombre de Lata, y del reino animal, el León. Juntos siguen la Llamada por el camino de ladrillo amarillo rumbo a la aventura, para descubrir las cualidades que creían no poseer pero que, en realidad, tienen en abundancia.

¿Quiénes serán los Aliados de Luke Skywalker?

Como Luke, vais con vuestros nuevos amigos, Obi-Wan Kenobi y los dos androides, a una cantina en el destartalado espaciopuerto de Mos Eisley, donde los miembros de muchos mundos y especies se reúnen a beber.

Ahí encontráis a los Aliados que andáis buscando, el engreído e intrépido piloto espacial, Han Solo, y su compañero, el peludo Wookiee de dos metros y medio, Chewbacca. Su nave, el Halcón Milenario, será el vehículo que os sacará del planeta hacia una vida más grande.

En Han Solo conocéis a vuestro opuesto. Así como vosotros estáis llenos de dudas, él rebosa seguridad. Ante vuestra introversión e ingenuidad, él exhibe una absoluta extraversión, es el viajero agotado que lo ha visto todo. Es el sol de vuestra luna, el alegre sir Gawain contra vuestro severo sir Perceval.

Igual que en todos los viajes heroicos, el Umbral al Reino del Poder Amplificado está guardado por fuerzas feroces. Para vosotros estos guardianes son los soldados de casco blanco del Imperio, que os disparan e intentan evitar que el Halcón despegue.

Lográis despegar sólo para descubrir que los destructores imperiales circundan el planeta. Pero no son rival para el pilotaje frenético y caprichoso de Han Solo, quien, a pesar de obstáculos casi insalvables, mantiene una indiferencia alegre y despreocupada. Esa cualidad, junto con su destreza en el manejo de la nave, engaña y confunde a las fuerzas imperturbables y sin rostro que custodian el umbral al espacio.

Superando a los guardianes, al fin conseguís atravesar dicho umbral gracias a un salto al hiperespacio, y al ser lanzados a otra parte de la galaxia millones de estrellas pasan zumbando a vuestro lado.

El Guardián del Umbral es un monstruo que protege la puerta que da a la realidad mayor que buscáis. Prácticamente en todos los mitos, hay que demostrar que se es más veloz, inteligente e ingenioso que el Guardián a fin de poder pasar a salvo.

El Guardián es una criatura de hábitos y actitudes fijos. Posee una visión estrecha e insular del lugar que ocupa en el mundo, y poco se puede hacer para moverlo. Bloquea nuestro camino convirtiéndonos en una versión estúpida de sí mismo, destruyendo nuestra moral y nuestra fibra espiritual, o incluso tragándonos por completo.

Quizá el más famoso Guardián del Umbral es el Cíclope de la Odisea, de Homero. Gigante cruel, se tragó a seis hombres de Odiseo para cenar y sólo es vencido cuando Odiseo emplea su ingenio para conseguir emborracharlo y arrancarle con un palo afilado el único ojo que tiene. Luego él y los hombres que le quedan, escapan aferrándose a los vientres de las ovejas del monstruo cuando éstas salen de la cueva a pastar.

En nuestras propias vidas, el Guardián puede aparecer como nuestro jefe, nuestra iglesia, nuestros padres, el sitio que ocupamos en la sociedad o incluso nuestros viejos hábitos. En su forma más sutil y taimada, se manifiesta como un estado de ánimo característico o una cualidad emocional que influye en nuestra conciencia, bloqueándonos el acceso a un paladar más grande de posibilidades emocionales.

¿Cada cuánto tiempo en nuestra vida hemos estado bajo el dominio del Monstruo de la Melancolía, del Demonio de la Duda, o del Ángel Oscuro de la Apatía? El Guardián del Umbral nos proporciona la mayor prueba para nuestro carácter y lo que aún podemos ser.

Practiquemos ahora derrotar a esos guardianes mediante un ejercicio muy literal.

En alguna parte en el centro del suelo cread un umbral. Podéis hacerlo depositando velas espaciadas o con un pañuelo o un cordel, lo que deseéis para marcar la gran separación entre el aquí y el allí más grande.

Ahora elegid varias representaciones para lo que ha sido o es en la actualidad el principal Guardián de vuestro Umbral. Por ejemplo, podéis alinearlo con fotografías de personas que sentís que os han bloqueado en vuestra superación; con un símbolo de una institución que limite vuestro potencial e impida que vuestro espíritu se eleve, con cigarrillos, tartas de chocolate u otras cosas que simbolicen hábitos o adicciones que os retienen.

A continuación entrad en el umbral y acercaos a uno de los Guardianes de vuestra puerta. Recurrid al aspecto de Han Solo de vuestra naturaleza, de modo que sin importar lo fiero que pueda parecer ese Guardián específico, mantengáis el toque cómico.

Habladle de un modo arrogante y alegre. Entablad una conversación humorística. Enfrentaos a él en modos en que jamás lo hayáis encarado. Bailad, contadle chistes, burlaos de él. Decidle por qué vosotros sois mucho más interesante que él. Decidle que sin importar qué pase, cruzaréis.

A medida que sentís que el poder de ese Guardián se desvanece, atravesad el umbral. Luego volved para enfrentaros a otro de los Guardianes.

Para el siguiente, puede que tengáis que utilizar habilidades similares o hacer algo distinto por completo. Quizá debáis mirarlo con desdén. Decidle lo tonto que es. Dadle un discurso sobre las mayores posibilidades que él mismo tiene. Convertidlo en un Aliado.

Volved por el umbral y repetid el proceso cuantas veces sea necesario.

Ya del otro lado, festejad vuestro paso de algún modo excéntrico, a la altura de Han Solo. Dad una voltereta en el aire. Celebrad una fiesta para vosotros, invitando a los Aliados espirituales del mundo interior. Ofrecedles exquisiteces, regalos de agradecimiento y bailes.

La celebración de la entrada al Reino del Poder Amplificado os garantiza que el cruce no pasa desapercibido para vuestra conciencia.

Una vez atravesado el umbral hacia el espacio, vosotros, como Luke, sois entrenados por Obi-Wan Kenobi en el uso de la espada de luz contra un oponente automatizado. Al principio intentáis conscientemente anticipar sus movimientos, pero tenéis poco éxito. El blanco es demasiado veloz y astuto.

Kenobi os dice que sólo podréis triunfar usando la Fuerza, el campo universal de energía que fluye por todas las cosas, una sensación hormigueante que os conecta con toda la vida. Cuando se experimenta de forma directa, la Fuerza os da acceso a un nuevo abanico de potencialidad. Para demostrarlo, Kenobi baja el visor de vuestro casco a fin de que no podáis ver el blanco.

Al principio os mostráis dubitativos. «¿Cómo veré para luchar?», preguntáis, perplejos.

Entráis en un estado en el que os halláis profundamente relajados. Vuestro proceso mental habitual queda suspendido. Estáis libres, no sólo mentalmente, sino también en un campo vital mayor. Sabéis dónde está cada cosa y qué es, pues todo forma parte de vosotros.

Se acerca el blanco. Con extraordinaria velocidad, frenáis su ataque y conseguís darle. Descubrís que habéis utilizado una destreza que está más allá de los sentidos, poderes que podríamos llamar el resto de vuestra mente. Capacidades interiores han salido del lugar dormido donde se habían escondido.

Dentro del gran espacio del Halcón Milenario, habéis comenzado vuestra gestación hacia poderes superiores.

En este episodio, Luke entra en la fase del viaje del héroe que tradicionalmente recibe el nombre de Vientre de la Ballena. Es una época de aprendizaje en el que uno se ve tragado o retenido en un lugar parecido a un útero para volver a analizar su propio objetivo y los poderes que posee.

Jonás en la ballena; Hiawatha tragado por Mishe-Nahma, Rey de los Peces; Jesús en la tumba de la que resucitará; Osiris sellado en un sarcófago y arrojado al Nilo... el Vientre de la gestación es el lugar donde activamos capacidades sutiles que nos conceden un cuerpo y una mente nuevos.

En nuestro viaje vital, todos experimentamos el Vientre de la Ballena de diferentes formas. Para algunos puede ser un tiempo de vida casera, como cuando criamos a hijos pequeños o cuidamos de un miembro enfermo o mayor de la familia. Para otros puede ser un periodo de aislamiento, cuando nuestra familia o amigos están ocupados, preocupados o no disponibles. También se puede manifestar como un momento de retiro espiritual o de profundo trabajo psicológico, cuando la concentración se halla en nuestros propios procesos internos.

Sin importar cómo se manifieste, el Vientre de la Ballena es un tiempo poderoso, en el que sabemos que debemos crecer o morir. Si lo ignoramos o lo evitamos, podemos caer en un periodo de depresión o de dudas envenenadas. Si lo aceptamos, el tiempo que pasemos en el Vientre será hacia dentro, para realizar inventario y ser conscientes de una Fuerza en nuestro interior que vincula nuestra vida con la Gran Vida.

Abandonamos algunos de nuestros hábitos y condiciones, incluso nuestra excelencia cotidiana, y aceptamos un cambio de conciencia. Puede que lleguemos a considerar nuestra vida anterior como una especie de feto gestándose en el útero del tiempo necesario para su nacimiento a una vida más rica.

He aquí un modo literal de practicar semejante cambio de conciencia. Luke Skywalker necesitó abandonar la visión real a fin de entrenarse para experimentar la Fuerza interior. Podéis probar una técnica similar con vosotros.

Encontrad un lugar en la naturaleza donde estéis a salvo; lo ideal sería un jardín o un parque boscoso. También podríais intentarlo bajo techo, pero seleccionad un espacio que contenga plantas u otros objetos naturales.

Con los ojos cerrados o vendados, moveos por ese espacio, extendiendo vuestras sensaciones para sentir las formas y los objetos que os rodean.

Al principio quizá os golpeéis con las cosas. Cuando suceda eso, dejad de moveros y de pensar. Estirad los brazos, con las manos hacia arriba y a unos dos centímetros de separación. Percibid el flujo de vida que hay entre ellas.

Con el sentido de la Fuerza potenciado, seguid moviéndoos, percibiendo el sentido de vitalidad que hay en el interior de todos los objetos y entre ellos. Tratad de intuir sus límites y bordes, deteniéndoos antes de tropezar con algo.

Sentíos parte del flujo vivo y vital que hay entre vosotros y el árbol, la roca o la planta, entre vosotros y la biblioteca o la silla.

Luego abrid los ojos y moveos por el mismo espacio, intentando mantener el mismo sentido del flujo de la Fuerza Vital que hay entre vosotros y los objetos que ocupan ese espacio. Volved a cerrar los ojos y moveos sin ver. Alternad los ojos abiertos y cerrados hasta que tengáis un sentido sostenido del torrente vital de las energías.

Luego practicad percibir esa Fuerza en vuestra vida cotidiana. Sed conscientes de ella en el autobús, mientras cenáis con vuestra familia e incluso en la iglesia. De este modo, quizá lleguéis a conocer y sentir lo ordinario por lo que es en realidad, una manifestación de la vida extraordinaria que fluye a través de todas las cosas.

La escena cambia a la Estrella de la Muerte, donde la princesa Leia observa horrorizada cómo Darth Vader y su esbirro, el gobernador Tarkin, destruyen su planeta natal de Alderaan porque ella no les quiere informar dónde está situada la base rebelde.

Al llegar a la zona donde estuvo Alderaan, vosotros y los otros viajeros en el Halcón Milenario os encontráis en un mar de rocas, restos del planeta destruido.

Vuestra nave es apresada en un haz de tracción que os arrastra hacia lo que parece una luna pero resulta ser la vasta maquinaria de la Estrella de la Muerte, el centro de operaciones del imperio.

Ahora comienza en toda su intensidad el *Camino de las Pruebas*. Kenobi os deja con Han y parte solo para intentar cortar el haz de tracción a fin de que podáis escapar. Conectándose a la computadora principal, R2 descubre que la princesa Leia se halla prisionera en el bloque de detención y que va a ser ejecutada. Llevándoos a un renuente Solo, vais a rescatarla.

A diferecia de las típicas princesas de los cuentos de hadas, Leia es locuaz, decidida y abiertamente intrépida. Cuando las fuerzas imperiales descubren el intento de rescate, os guía por un tubo que da a la cámara de residuos, un lugar aterrador donde os veis sumergidos en las aguas fétidas por una criatura enorme. A punto de ahogaros, salís a la superficie en el último momento, cuando las paredes de la cámara empiezan a cerrarse. Las experiencias casi mortales siempre abundan en el *Camino de las Pruebas*.

A duras penas escapáis de veros aplastados gracias a que 3PO consigue que R2 desconecte las cámaras. Éste abre la compuerta y quedáis libres, sólo para descubrir que para llegar a la nave tenéis que luchar todo el trayecto contra las legiones imperiales. Realizáis actos heroicos, incluyendo saltar sujetos a una cuerda por encima de un vasto abismo con la princesa en brazos.

Al acercaros a la nave, os paraliza la visión de Obi-Wan Kenobi, que, tras haber cortado el haz de tracción, se enfrenta en mortal combate a su antiguo estudiante Darth Vader, cuya arma es también una espada de luz.

Cuando Kenobi ve que vosotros y vuestros amigos estáis a salvo, le da una advertencia final a Vader: «No puedes ganar, Darth. Mátame, y seré más poderoso que lo que jamás pudiste imaginar.»

Esbozando media sonrisa, Kenobi alza la espada de luz en señal de saludo y se desvanece unos segundos antes de que

EL VIAJE MÍTICO

Vader corte su túnica vacía. De ese modo entra conscientemente en una realidad extendida, desde la que puede daros consejo espiritual.

Dicho consejo resulta de gran utilidad en vuestra prueba final. Después de ganar una furiosa batalla espacial y dejar a la princesa con los planos secretos en manos de las fuerzas rebeldes, os preparáis para tomar parte en el ataque rebelde contra la Estrella de la Muerte. Los obstáculos son abrumadores, toda la fuerza del Imperio contra unos pocos y valerosos pilotos. Han Solo os ha decepcionado al negarse a unirse a la batalla.

Parece no haber esperanzas de victoria. Una a una las naves rebeldes son destruidas por los omnipresentes cazas del Imperio. Como último recurso sólo quedáis vosotros, que entráis en el corredor estrecho que conduce al diminuto blanco, la única esperanza de destruir la Estrella de la Muerte. Darth Vader os persigue. Vuestras escoltas se separan, pero la nave de Vader sigue vuestra estela.

Os conectáis con el ordenador y os aprestáis a la pasada definitiva. De pronto oís una voz. Es la de Obi-Wan Kenobi, que os dice: «Usa la Fuerza. Déjate llevar, Luke. Confía en mí.» Apartáis la pantalla, entráis en el flujo de la fuerza y movéis los mandos por instinto.

Al acercaros al blanco, Darth Vader os tiene en su mira. Es como si vuestro fin fuera inminente, pero del cielo llega el rescate. Es Han Solo, que os quita a Vader de atrás y os da tiempo para disparar. El misil baja por el conducto.

«Buen disparo, chico. Uno en un millón», se regocija Solo.

El espacio se llena de fragmentos cuando la Estrella de la Muerte estalla en una espectacular conflagración de maldad.

De momento, el Camino de las Pruebas ha llegado a su fin.

A través de la literatura mundial, el Camino de las Pruebas le brinda al escritor un escenario amplio para crear ordalías y pruebas milagrosas que ponen los pelos de punta. El héroe o la heroína entra en un paisaje ilimitado y fluido, que quizá simboliza el pavor que sentimos ante las regiones desconocidas y vírgenes de nosotros mismos, ya sea un desierto, un bosque, el mar o el espacio exterior.

Nos vemos empujados a una serie de desafíos para los cuales estamos poco preparados. De algún modo, encontramos los recursos físicos, mentales, emocionales y espirituales no sólo para sobrevivir, sino para triunfar.

Uno de los ejemplos clásicos más famosos de esta fase del viaje es la historia de Psique. Su celosa suegra, Venus, le impone unas tareas imposibles. En una, Psique debe separar antes de que anochezca una cantidad enorme de semillas mezcladas. En otras, tiene que recoger el vellocino de oro de ovejas asesinas, embotellar agua de un manantial que hay en lo alto de una montaña cuidado por dragones, y en otra debe bajar a los Infiernos para recuperar una caja de belleza inmortal.

Para lograr cada una de esas tareas, Psique recibe la ayuda de algún aspecto de sí misma, reflejado míticamente como una ayuda externa. Un ejército de hormigas, que representan el instinto, la socorre en separar las semillas. Una caña verde, que representa el inconsciente, le indica cómo recoger la lana por la noche de los arbustos cercanos al lugar donde han pastado las ovejas. Un águila, que representa sus poderes espirituales, le trae agua del manantial. Y una torre, que representa la sabiduría colectiva de la humanidad, le da consejo para entrar y salir a salvo del Infierno.

En un mundo donde lo inesperado siempre está a la vuelta de la esquina —enfermedad, divorcio, reducciones de plantillas, el estrés inevitable de la vida moderna—, el Camino de las Pruebas es una parte ineludible de nuestro viaje.

Preparados, podemos enfrentarnos a semejantes desafíos como si se trataran de una aventura, no una herida mortal. Cuando somos capaces de hacerlo, devolvemos la disposición heroica de la mente ante situaciones que tal vez sean menos dramáticas que las de Luke Skywalker, pero igual de críticas.

En muchos mitos, la lección que nos brinda el Camino de las Pruebas es que tenemos fuerzas en nuestro interior que nos permitirán pasar las pruebas y los desafíos, sin importar su grado de dificultad. La clave es confiar en dichas fuerzas.

Para practicar esta destreza, veamos qué podemos aprender de los cuatro trabajos de Psique, ya que en forma simbólica constituyen las principales tareas de nuestra vida. Lograr superar esas pruebas como actos de la imaginación puede crear una energía que os permitirá ser igual de heroicos en la vida cotidiana.

El primer desafío es Separar las Semillas. En nuestra vida esto podría significar separar los detalles embarullados de la existencia cotidiana. Quizá requiera hacer una lista de tareas que debemos llevar a cabo, aunque también podría representar limpiar el escritorio o el armario, cuadrar la cuenta corriente, pagar los impuestos, contestar la correspondencia, o incluso establecer prioridades nuevas que os proporcionen un tiempo sagrado para reflexionar, hacer ejercicio espiritual o divertiros.

Para este ejercicio, imaginad el tipo de tarea de separación que parezca necesaria para vosotros. Visualizaos realizándola. Ejcutad físicamente los movimientos como una especie de ensayo, para que el patrón os quede grabado en la mente.

Luego tomaos tiempo para llevarla a cabo de verdad. Consideradla como un ejercicio heroico —una aventura en el Camino de las Pruebas— y celebrad su exitosa consecución.

La segunda tarea de Psique es Recoger el Vellocino de Oro. Podéis considerar el Vellocino de Oro como una representación de la abundancia adecuada resultante de vuestra vida profesional.

Vuestra tarea en este trabajo es utilizar la intuición, vuestra caña verde hacia el inconsciente, para descubrir un modo de hacer que vuestro trabajo sea lo que los budistas llaman «vida correcta», un medio para ganarse la vida que contribuya a vuestra evolución espiritual y social y a la del mundo.

Pensad en vuestro trabajo, ya sea en casa, en una oficina o en una escuela, como representación del Vellocino de Oro. Miradlo desde lejos, como si estuviera en la orilla opuesta de un río. Contempladlo a la luz del día de la conciencia, viendo todos sus defectos y peligros tanto como sus virtudes y posibilidades.

Ahora, escuchando la caña verde de vuestra propia sabiduría intuitiva, volved a mirarlo como a la luz de la luna, cuando podéis ver lo que de verdad tiene de valioso y que ha quedado fuera de vuestro pensamiento.

Preguntaos: ¿Quién se beneficia de lo que hago? ¿Cómo se puede perfeccionar o potenciar este servicio? ¿Qué tendría que hacer para conseguir que mi trabajo sea fuente de gozo y placer en vez de la tarea desagradable que es?

Tomad notas de lo que os dice la caña de la intuición. Puede que lleguéis a descubrir que debéis realizar una conexión personal más profunda con vuestros compañeros de trabajo u ofrecerle ayuda y apoyo emocional a los empleados nuevos. Quizá veáis posibilidades nuevas para proyectos, modos nuevos de llegar a la comunidad, de hacer que vuestro trabajo refleje vuestros valores.

Realizad un esfuerzo consciente y heroico para llevar a cabo las ideas que podáis recibir.

La tercera tarea de Psique es recoger las Aguas de la Vida. Podemos pensar en ellas como símbolo de una vitalidad y energía mayores para todos los trabajos que debamos acometer. Como cada vez descubre más y más gente, las tradiciones espirituales del mundo —como el águila de Psique— enseñan muchas maneras de obtener acceso a las energías vitales del cuerpo y la mente. Una de las más eficaces es la visualización y la respiración concentrada.

Para empezar, centraos en la base de la columna y experimentad la sensación de inhalar profundamente y subir hasta la coronilla. Cuando lleguéis arriba, seguid respirando e imaginad que encima de la cabeza hay un estanque con las restauradoras Aguas de la Vida. Recogedlas con el aliento.

Ahora, al exhalar, tened la sensación de hacer bajar las Aguas de la Vida por la parte frontal del cuerpo, permitiendo que os bañen y llenen cada nervio y tendón, cada célula y órgano, restaurando y devolviéndoos vuestra actitud vital en el proceso.

Repetidlo, respirando por la columna y recurriendo a las Aguas de la Vida. Exhalad bajando por la parte delantera llevando dichas aguas a vuestro cuerpo, el vehículo que en este tiempo porta vuestra alma y vuestro espíritu.

Continuad realizándolo como una meditación concentrada durante unos diez minutos, conscientes de la ascensión del aliento, de la obtención de las Aguas de la Vida y de su absorción en el cuerpo y la mente con cada exhalación.

No lo hagáis con el piloto automático. La concentración y la conciencia lo son todo.

Pasados diez minutos, estiraos y caminad un poco y fijaos en cuánto más vitales y vivos puede que os sintáis.

La cuarta tarea de Psique es el descenso al Infierno. Para nosotros, el Infierno puede representar el profundo tiempo interior que necesitamos para realizar nuestros deberes espirituales y psicológicos.

En la historia de Psique, la Torre, que representa la sabiduría colectiva de la cultura y la civilización, le advierte que frene su constante disponibilidad para otros. En nuestras vidas, tal vez tengamos que practicar decir que no a las demandas de otros a fin de darnos tiempo y espacio para llevar a cabo nuestro propio trabajo interior, que es penetrar en el Infierno y traer de vuelta sus tesoros.

Esta parte del Camino de las Pruebas es uno de los retos más difíciles al que nos enfrentamos. Cuando dedicamos toda nuestra energía a las tareas y preocupaciones externas, disponemos de poco tiempo para profundizar y provocar olas en los mundos interiores de la psique y el espíritu.

Un modo de conseguirlo es redactar un pacto con vosotros mismos. Coged un papel hermoso y escribid de verdad el pacto. Por ejemplo:

«Yo (nombre) prometo solemnemente a mi Yo Superior dedicar (en blanco) minutos cada día a vivir a un nivel más profundo que el de mi mundo y conciencia corrientes, para proporcionarme tiempo y espacio para la práctica y el desarrollo de mi belleza más honda.»

Como Luke, ahora sabéis que vuestro Padre Superior, Obi-Wan Kenobi, siempre estará con vosotros. Lo que falta es entrar en la parte más profunda del reino mitológico, donde conocéis a la Diosa o pareja celestial y recibís la recompensa del reconocimiento o percepción necesarios para llevar de vuelta al mundo lo que habéis aprendido.

En La Guerra de las Galaxias, dicho reconocimiento tiene lugar de forma gloriosa. Entre los verdes árboles de un planeta fértil, vosotros, Han y Chewie entráis en el centro espiritual de la Alianza Rebelde. Las paredes de piedra están adornadas con parras frondosas, lo que sugiere que habéis entrado en el mundo verde que redimirá el yermo gris del imperio, pero no dudéis de que vuestras aventuras continuarán.

Aquí, sin embargo, se produce un descanso. Con orgullo y esplendor, avanzáis ante el aplauso de los ciudadanos de la Alianza para conocer a la Diosa, en la forma de la princesa Leia, en su máximo esplendor. Detrás de ella hay una luminosa catedral de luz de estilo art decó.

Os coloca a vosotros y a vuestros compañeros unas medallas. Al mirarla, sabéis que habéis conocido a vuestra pareja celestial. De hecho, y como llegaréis a descubrir, es vuestra hermana gemela. A vuestro lado, Han Solo le guiña un ojo, e intuís que algún día ellos llegarán a ser pareja terrenal.

Pero por ahora, en este momento misterioso, habéis alcanzado el éxito, sois un ser más grande que el niño que erais cuando iniciasteis el viaje. Todo el mundo lo reconoce y, lo que es más importante, vosotros mismos lo reconocéis.

Con el tiempo, vosotros y vuestros amigos regresaréis a librar más batallas. Recibiréis un mayor entrenamiento del gran maestro de los Jedi, Yoda, conoceréis nuevos Aliados, e incluso le devolveréis la luz de la bondad a vuestro padre humano, Darth Vader.

Al sacar la luz de lo que había sido su oscuridad, os convertiréis en Maestros de Dos Mundos, el reino mítico de la Fuerza y el reino ordinario del espacio y el tiempo. Seréis una fuerza para la Fuerza, devolviendo la antigua sabiduría a épocas pasadas y futuras de hace mucho tiempo, en una galaxia lejana.

Éste es un momento de celebración. Se ha hecho el viaje, se han superado los obstáculos, vuestro conocimiento y disposicion para servir os han llevado al Templo del Corazón, el lugar desde el cual comenzará a reverdecer vuestro mundo.

Pero primero debéis reconocer a aquel que es conocido como el Amado o la Pareja Celestial, y ser reconocidos por él. Ese ser glorioso es vuestra otra mitad, que habita en el mundo de las profundidades, el Yo Divino del cual ahora podéis y estáis dispuestos a recibir el don del reconocimiento pleno.

Cando seáis conocidos por lo que sois, seréis capaces de conocer a otros y reconocer el Yo Divino en ellos.

Con la Fuerza moviéndose con poderío en vuestro interior, percibid ahora al Otro Divino. Salid por la noche o a primeras horas de la mañana, cuando Venus brilla en el cielo, y, usando ese planeta del amor como el símbolo del Amado, pronunciad palabras parecidas a éstas:

«A partir de ahora, estoy contigo siempre. A partir de ahora, soy tu pareja en el reino humano. A partir de ahora, te incorporaré en el tiempo a ti, mi Amado, y a tus costumbres. Sé que encenderás el fuego en mi mente y me bañarás en el amor que está más allá de toda comprensión. Como fue en el principio, ahora y siempre, amor y vida sin fin.»

Ahora tenéis dones que dar porque habéis recibido mucho. Quizá debáis ofrecer una fiesta para los amigos que deseáis reconocer y capacitar. En ella, celebrad en público a cada invitado, hablando de ellos con intensidad desde la sabiduría de vuestro corazón sobre su verdadera valía y calidad. No mencionéis cosas negativas, celebrad su crecimiento y su propio y único viaje del alma.

Como el Mago al final de la historia de Oz, dadle a cada uno un pequeño presente que, de algún modo, simbolice la profundidad con que los veis y los reconocéis.

Por ejemplo, a alguien que ha superado una enfermedad, podéis ofrecerle un bono para masajes o un club de salud. A otro que haya comprado una casa nueva, dadle una casa en miniatura, que bendigan todos los asistentes. A alguien que acabe de entrar en una nueva relación de amor, dadle una bufanda de lana que simbolice los vínculos que unen. Y a alguien que esté realizando un comienzo nuevo, dadle un trozo de arcilla que simbolice la libertad para modelar una vida nueva. Cercioraos de que haya música y comida en abundancia.

Ahora el Amigo os pide que deis un paso atrás y miréis hasta dónde habéis viajado con Luke. Habéis pasado a través de los peligros de la adolescencia hacia la edad adulta. Habéis adquirido vuestros poderes, convirtiéndoos de verdad en un Jedi, como vuestro padre. Os habéis enfrentado a retos enormes en el Camino de las Pruebas y descubierto el uso de vuestra plena inteligencia, la apertura de vuestro corazón, la amistad y la compasión y el valor que surge al correr riesgos y enfrentarse a retos.

También habéis conocido el genio de la comunidad y cómo el pequeño grupo comprometido puede lograr casi todo. «Jamás dudéis», dijo aquella maestra Jedi Margaret Mead, «de que un grupo pequeño de ciudadanos comprometidos puede cambiar el mundo. Es lo único que alguna vez ha podido hacerlo».

Por último, habéis descubierto la Fuerza, la potencia sagrada que todos llevamos dentro.

Habéis vuelto como seres míticos y, lo mismo que Luke Skywalker, ahora disponéis de la oportunidad de reverdecer el yermo gris de vuestro particular Imperio con conocimientos recién adquiridos.

Ahora estáis listos para dejar el Reino del Mito, y así lo hacéis, cruzando la puerta tallada con muchos símbolos e historias.

Al ascender con celeridad alrededor de la montaña interior, le echáis un vistazo a la puerta de espejos que da al Reino de la Psique. ¡Qué interesante! En ella veis reflejados a los androides, a Han y Chewie, a Leia, incluso a vuestro padre recuperado, a Yoda y a Obi-Wan Kenobi, bañados por una titilante luz azul. Os saludan con la mano, y vosotros les devolvéis el gesto en señal de despedida.

Luego pasáis ante la esplendorosa puerta del Reino de los Sentidos. De ella sale una mano que os ofrece una deliciosa manzana, símbolo del conocimiento nuevo que habéis adquirido.

Por último, al alcanzar la cima, salís y bajáis por la montaña, donde hacéis inventario de los poderes y dones nuevos que habéis conseguido en vuestro viaje heroico.

¡Qué la Fuerza siempre os acompañe!

La búsqueda espiritual

Si he de conocer a Dios directamente, debo convertirme por completo en Dios, y Dios ser yo, para que ese Dios y ese yo nos convirtamos en un Yo.

MAESTRO ECKHART

AL VIAJAR por la Tierra como lo hago, con el tiempo conoceré a todo el mundo. Y casi todo el mundo que conozco da la impresión de hallarse en una búsqueda espiritual o experimentando un creciente deseo de alcanzarla. El perro del cielo les pisa los talones, instándolos a despertar a sus posibilidades espirituales.

Lo importante acerca de todo el mundo es que lo prueba todo. Por pura creatividad e inventiva, nada supera la aventura espiritual.

La gente medita, ayuna o reza en su búsqueda de conexión Divina. Hace promesas descabelladas, como abandonar el sexo, las calorías, el bienestar. Enloquecen o se vuelven maniacos, fanáticos, acallan su mente y se vacían de pensamiento, esperando así tentar a Dios para que llene el vacío dejado.

Caminan sobre rescoldos, se sientan en la nieve, cuentan las veces que respiran, giran en éxtasis, realizan peregrinaciones a lugares donde se dice que ha caminado Dios o Su encarnación local. Prueban religiones lo más diferentes posible de aquellas en que fueron educados, se sumergen en ataques consumistas espirituales, retuercen sus cuerpos en posturas incómodas, se cambian de nombre.

En su mayor parte, le gritan a Dios, suplicándole que aparezca en sus vidas.

No critico estas prácticas; las he probado todas. Y no os riáis... pues también vosotros lo habéis hecho, quizá de otras maneras.

Hay muchos signos que apuntan que estáis en una búsqueda espiritual, aunque no le hayáis dado ese nombre:

> ¿Os preguntáis cada vez que pasáis por una librería si la verdad se encontrará hoy en sus estanterías?
>
> ¿Cuántos libros habéis comprado este año con la palabra *alma* en su título?
>
> ¿Atajáis siempre con un seminario o un retiro espiritual?
>
> ¿Está vuestra casa llena de imágenes de ángeles: tarjetas, estatuas, libros, velas?
>
> ¿Tenéis un acupunturista, un masajista o un botiquín lleno de suplementos?
>
> Cuando os constipáis, ¿tomáis vitaminas en vez de los antibióticos habituales?

LA BÚSQUEDA ESPIRITUAL 181

¿Frecuentáis tiendas de comida sana?

¿Habéis pensado en haceros vegetarianos?

¿Habéis dejado de jugar al fútbol para apuntaros a una clase de yoga o tai chi?

¿Navegáis por Internet?

¿Ocultáis lo que estáis leyendo cuando vuestros padres entran en vuestra habitación, aunque no tenga nada que ver con el sexo?

¿Os habéis divorciado porque vuestro cónyuge no estaba en la misma frecuencia de onda?

¿Creen vuestros hijos que sois raros?

¿Vuestros discos compactos son de cánticos, tambores y melodías celtas?

¿Sois seguidores de programas televisivos sobre héroes míticos, el espacio exterior, inmortales, parapsicología?

¿Os veis a veces inexplicablemente sorprendidos por la alegría?

¿Estáis leyendo este libro?

Si habéis respondido que sí a alguna de estas preguntas, es posible que ya estéis enganchados. Y es normal, ya que la complejidad de los tiempos modernos parece demandar una profundización en nuestra naturaleza, si queremos sobrevivir. Esta profundización requiere una exploración. Y a pesar de todos sus desvíos, dicha exploración en última instancia conduce a la fuente espiritual de nuestra existencia.

Desde los tiempos de Platón, el Buda y Confucio, hace unos 2.500 años, no se producía semejante anhelo espiritual. Ahora, igual que entonces, la explosión de espiritualidad tiene lugar en muchos continentes y cobra muchas formas.

Aunque la variedad de experiencias religiosas contemporáneas puede parecer o sonar diferente, comparten una misma creencia. A menudo me gusta finalizar mis seminarios más largos con un juego que demuestra este punto en común. Se llama: «¿Sois Dios Escondiéndoos?»

Le pido a todos los asistentes que cierren los ojos y se muevan hasta que, de forma natural, tropiecen con otro. Luego le preguntan a esa persona: «¿Eres Dios escondiéndote?»

Ésta responde con la misma pregunta: «¿Eres Dios escondiéndote?»

Los participantes continúan durante varios minutos, haciendo la misma pregunta y obteniendo la misma respuesta.

Pero una persona, a quien designo después de que todo el mundo haya cerrado los ojos con una mano firmemente encima de ellos, *es* «Dios Escondiéndose».

Cuando alguien se topa con esa persona y le pregunta «¿Eres Dios escondiéndote?», ésta guarda silencio. Con ese silencio, la persona que formula la pregunta queda «endiosada» también, y se mantiene en silencio.

Al poco rato, en toda la sala reina la quietud. He visto a quinientas personas pasar del zumbido excitado de la conversación al silencio absoluto en menos de un minuto... ésa es la velocidad a la que viaja el «endiosamiento».

Cuando el silencio se ha hecho más profundo, digo: «Ahora abrid los ojos y mirad a todos los dioses que ya no se esconden.»

Los ojos se abren de forma simultánea. La gente se mira. Primero se produce un murmullo, luego un jadeo maravillado y asombrado. El reconocimiento invade la sala. Los ojos brillan. Estalla la risa. Durante unos pocos momentos, la gente se desprende de sus cataratas cerebrales y ve la verdad sobre sí misma.

Este juego sencillo pero revelador se basa en una tradición que se halla en todo camino espiritual: el judaísmo, el islam, el cristianismo, el budismo, el hinduismo, al igual que en las creencias de los pueblos indígenas.

Aunque expresada con palabras diferentes, la tradición sostiene que cada ser humano contiene una semilla de Dios, una esencia divina que se puede nutrir mediante la práctica espiritual hasta alcanzar la expresión plenamente madura del material de Dios que llevamos dentro.

Las prácticas recomendadas para desarrollar esta Semilla de Dios varían de cultura a cultura y de persona a persona: yoga, meditación, oración contemplativa, concentración, además de las diversas exploraciones de Dios mencionadas antes.

Pero todos los senderos parecen coincidir en que además de las prácticas dirigidas al interior, el desarrollo espiritual también requiere actos sencillos de compasión y servicio, basados en el reconocimiento de la presencia divina en todos los seres y en el deseo de servir a Dios el uno en el otro.

Un famoso cuadro budista del cielo y el infierno ilustra por qué importa servir a otros. En el infierno, la gente se sienta a un banquete de alimentos magníficos con cucharas tan largas que jamás logran llevarlas a su boca. En el cielo, la gente se sienta ante el mismo tipo de banquete, y con las cucharas largas se alimenta la una a la otra.

Además, la creencia en una esencia divina como base de la realidad no está limitada a senderos explícitamente religiosos. Los científicos con una tendencia espiritual explican la realidad en términos que difieren poco de los que emplean los místicos.

Mientras los místicos hablan de los pasos a dar por el camino hacia la unión con el Infinito, los científicos-buscadores mencionan las ondas de frecuencia de la conciencia, algunas de las cuales están más próximas que otras al Ser Universal.

Los científicos especulativos a menudo emplean la metáfora del holograma para explicar el lugar que ocupa la humanidad en la Mente Universal. Cada parte del holograma contiene una imagen del todo. Descomponed una imagen, proyectad un tipo especial de luz láser a través de cualquiera de sus partes, y conseguís de nuevo todo el cuadro.

En términos espirituales, podríamos pensar en nosotros mismos como fragmentos del gran holograma de la Realidad. Proyectad la luz adecuada de la conciencia a través de nosotros, y cada uno reflejará el todo: estrellas de mar, secuoyas y una cabra montés saltando en los Pirineos.

Esa carta que nunca escribisteis a vuestra abuela y una bola de bramante rodando en un camarote de un barco en Bangkok.

Otras galaxias y la niña que en este momento está descubriendo que sabe leer.

Caballos al galope en una playa árabe y el chiste que oísteis anoche.

El brote que nace en los árboles invernales y el anhelo de Dios hacia cada uno de nosotros...

Eso está muy bien, puede que digáis en este momento, pero ¿qué tiene que ver conmigo? ¡Nunca en la vida he reflejado el todo, mucho menos caballos al galope en una playa árabe! Sólo quiero saber quién y qué soy en realidad, eso es todo.

Ese anhelo de conocer nuestra verdadera naturaleza es universal. Todos nos parecemos al estudiante de filosofía que va al despacho de su profesor. Tiene los ojos rojos por el agotamiento y arrugas de pensamientos preocupados en la frente. Tembloroso y dominado por la angustia, se acerca a su mentor de cabello gris: «Por favor, señor, hay una pregunta que me carcome. ¡Tengo que saberlo! Señor, ¿existo?»

El profesor lo mira con ojos demoledores y replica: «¿Quién quiere saberlo?»

Recordemos que San Francisco de Asís expuso el problema de modo similar cuando describió el objetivo de la búsqueda espiritual: «Buscamos», dijo, «a Aquel que busca».

Descubrir quién está buscando es de lo que en última instancia trata la vida. Si hay que creer a los místicos, la respuesta es en sí misma un acertijo que apunta a la Respuesta Infinita. El escritor místico medieval, Maestro Eckhart, hace que Dios nos hable diciéndonos: «Me convertí en hombre por vosotros. Si no os convertís en Dios por mí, me hacéis mal.»

Para ayudarnos a unir la gran separación que hay de la conciencia entre el yo divino y nuestro yo limitado, probad durante un momento a imaginar cómo podría ser experimentar la realidad desde un punto de vista divino.

¿Qué percibiríamos si mágicamente pudiéramos cambiar de perspectiva y ser TODO experimentándonos a nosotros mismos, y no al revés?

¿Nos llenaría el conocimiento de que nuestra mente local no es más que una concentración de la conciencia universal?

¿Sabríamos de forma absoluta que el terreno que soporta nuestro yo humano finito es el infinito Yo divino, el Gran Aquel que se crea a Sí mismo en un interesante rincón del espacio y el tiempo, mente y cuerpo, llamado Roberto o Margarita, Juan o Francisco?

Los niños muy pequeños parecen conocer este secreto a su manera:

«¿De dónde vienes, cariño?»

«De todas partes aquí.»

Como niños, a lo largo de los siglos los buscadores espirituales siempre han sospechado que el Yo es algo que el Infinito hace para divertirse. Debajo del finito yo humano, nos han enseñado de diversas maneras, hay una Conciencia infinita, un Gran Aquel, que se experimenta a Sí mismo a través del cuerpo y de la mente de esa creación del Ser en el espacio y el tiempo llamado Tú.

Y lo que es más importante, el Yo Divino interior es un derecho natural de nacimiento que viene con ser humano. «Más cerca que la respiración, más próximo que manos y pies», dicen las escrituras sobre la presencia de lo divino en nuestras vidas.

Si tan sólo pudiéramos saber esto de forma absoluta durante un minuto, derribar nuestros límites, desprendernos de nuestras cataratas mentales... sería como despertar de un sueño.

En todo habría una claridad y vitalidad poderosas: en las personas, los árboles, las rocas, los aviones y nuestro propio cuerpo.

Todo parecería relacionado entre sí de manera tan perfecta que sabríamos que nos hallábamos en presencia de una obra de arte maestra.

Sentiríamos una apreciación abrumadora de la simple naturaleza corriente de las cosas: las pecas de un niño, lavar los platos, el sonido de la leche al caer en un vaso.

Cuando he estudiado a los buscadores que han tenido esta experiencia, o he conversado con ellos, me han hablado de un gozo que sobrepasa el entendimiento, de un impulso inmenso de creatividad, de un torrente instantáneo de amabilidad y tolerancia que los convierte en apasionados adalides para la mejora de todo, en constructores de puentes, en imanes para las soluciones, en pacificadores y encontradores de caminos.

Lo mejor de todo es que otras personas se sienten enriquecidas y nutridas a su alrededor. Todo el mundo que los toca se convierte en algo más, porque ellos mismos son más.

¿Cómo podemos hacer que este milagro nazca dentro de nosotros? ¿Cómo podemos potenciar nuestro derecho natural sobre la presencia espiritual? ¿Qué nos mantiene separados del conocimiento místico?

Dejad que os hable de las cataratas. Hace poco fui sometida a esta operación en el ojo izquierdo, ha sido la primera y única vez que me han operado. Pasar de ver oscuramente a través de un cristal nublado a ver bastante bien, me hizo pensar en las cataratas que nublan la visión humana.

El poeta dice que nuestro nacimiento no es más que olvidar el cielo, nuestro hogar. Tras haber visto las sonrisas seráficas en los rostros de los bebés, no creo que ellos hayan olvidado mucho.

No obstante, a medida que crecemos, lo mismo le sucede a nuestras cataratas. La escuela, los hermanos, la sociedad... poco a poco parecen espesar las lentes luminosas que todos tenemos empotradas para el conocimiento centrado en Dios.

Alrededor de estas lentes espesadas surgen patologías: engaños mentales y emocionales, decepciones en la vida, las neurosis inevitables de la edad adulta. A medida que la vida avanza, perdemos de manera progresiva la conciencia del apetito del Yo Infinito por las maravillas y el gozo.

Pero de algún modo podemos recordar. Eso es lo que os ha traído a este libro, un esfuerzo por recordar. Habéis llegado lejos en el trabajo con los niveles del yo, aprendiendo prácticas que pueden disolver las cataratas que nublan el recuerdo.

En el Reino de los Sentidos abristeis nuevas puertas de la percepción. En el Reino de la Psique descubristeis a los compañeros del alma que pueden conectaros con una creatividad mayor y con el dominio de vuestras destrezas. En el Reino del Mito y del Símbolo buscasteis una visión más clara de vuestra vida a través de las transformadoras aventuras del viaje de los héroes.

Pero ahora hemos llegado al último umbral. Nuestro desafío aquí es aprender a vivir de tal modo que evitemos más cataratas y volvamos a ser quienes realmente somos.

Para la experiencia más rica que aún debemos experimentar, por favor, tened cerca una planta o un jarrón con flores, y también una grabación con música rítmica que poder bailar, preferiblemente de fuerte percusión. Y material de dibujo o de pintura.

Aquí estamos de nuevo, en la ladera de la montaña, listos para emprender nuestro viaje final. En esta ocasión, el Amigo, vuestro Yo Esencial, se os une pronto, pues conoce el Camino de modos que vosotros o yo desconocemos.

Empezáis el trayecto subiendo por el sendero en espiral, fijándoos en muchas cosas pequeñas que antes os pasaron desapercibidas. Como el agua que corre por el arroyo se ondula por encima de las rocas. El gusano en el camino, que recogéis y dejáis a un lado. La cáscara de huevo azul de un pájaro que acaba de romperla.

Parece ser primavera, y el bosque da paso a un prado alto y estáis rodeados de flores silvestres. Por último, llegáis a la cima, levantáis la tabla de piedra y entráis en la montaña. Desde una larga distancia os llega el sonido de agua.

Bajáis rápidamente alrededor del interior de la montaña. Al pasar por delante de la puerta que conduce al reino sensorial, notáis en ella una pequeña fuente que suelta agua fresca y clara. Bebéis y os sentís extrañamente energetizados, como si despertarais de un largo sueño.

Continuáis bajando y llegáis a la entrada de espejos del reino psicológico. Ahora sólo refleja vuestra cara y cuerpo tal como están en este momento. De algún modo, la imagen os proporciona una satisfacción considerable.

Al descender por el sendero llegáis a la entrada del nivel mítico. Esta vez la puerta de madera está perfectamente lisa, sin tallas ni símbolos. Su superficie en blanco aguarda la huella de una nueva historia, la vuestra.

Ahora el sendero se vuelve mucho más abrupto, y el sonido de una cascada os llega con más intensidad. Al fin estáis ante ella, una cortina lustrosa de agua, la entrada al Reino del Espíritu.

Mientras vosotros y vuestro Amigo pasáis por debajo de las cataratas, sentís que el agua os purifica todo el ser. Las lamentaciones y pesares de vuestra vida parecen desprenderse de vosotros, y tenéis la mente tan despejada y luminosa como el cielo del amanecer.

Ante vosotros hay una vasta estructura brillante que parece ser una Rosa. Desde donde estáis, podéis ver sus pétalos más interiores y también los que hay cerca del borde exterior. En algunas tradiciones, se la llama la Rosa Blanca del Paraíso. En otras, la Rosa de la Unión con lo Divino.

«¿Qué es esa inmensa Rosa?», le preguntáis al Amigo. «¿Qué significado tiene?»

Responde: «La Rosa siempre ha sido símbolo de belleza y vida, amor y gozo, todas las cualidades de la comunión y la unión con el Divino Amado. Pero recordad, a pesar de su belleza, toda rosa está rodeada de espinas. A menudo el viaje a la conciencia superior es arduo, doloroso y lleno de desafíos.

»Pero en cuanto llegáis al lugar donde ya no sois ciegos a Dios, os encontráis con la Rosa, la imagen del Amor que mantiene unidas las hojas dispersas de vuestra vida y la del universo.»

Entones de la Rosa surge una fragancia, tan dulce, tan llena con la esencia de todo lo que os importa, que os sentís impulsados a acercaros.

Con el Amigo, penetráis por una abertura que hay en el pétalo más exterior. Dentro de sus capas, un sendero asciende siguiendo la espiral de la forma de la Rosa.

Los tiernos pétalos se elevan a vuestro alrededor, blancos y luminosos, vitales con la fuerza de la vida. Bendecidos con la belleza de estar en su interior, con cada paso que dáis despertáis un poco más.

Oís el sonido de muchas voces que cantan tan armoniosamente que os preguntáis si es un coro de ángeles. La eternidad no sería mucho tiempo para deteneros a escuchar.

Pero vuestro Amigo os insta a continuar: «Seguidme, y os presentaré a unos Amigos míos.»

Os explica que el sendero conduce a lugares de aprendizaje y reflexión. Cada uno está presidido por un gran maestro que representa una de las variedades de la experiencia espiritual y puede compartir su perspectiva única sobre la vida del Espíritu en el tiempo.

A medida que vais penetrando, os asombran las exuberantes posibilidades de la vida espiritual. Al instante reconocéis a algunos de los maestros y os dais cuenta de que hay amigos vuestros que ya estudian con ellos.

Están el Buda y San Francisco de Asís, Santa Teresa de Ávila y Julián de Norwich. Moisés e Isaías, Maimónides, Mahavira y Confucio. Están Jesús y su madre María, Mahoma, William Blake y Dag Hammarskjöld. También el gran sabio hindú Ramakrishna y Madame Blavatsky, una sabia mujer rusa famosa en su época por sus dones de sanación.

Pero los nombres de muchos de los maestros ante los que pasáis os son desconocidos, aunque podéis ver que representan a todas las razas y todas las épocas. Algunos parecen ser aborígenes norteamericanos, aborígenes australianos y habitantes del Pacífico Sur, al igual que otros son de África y Sudamérica. Todos están dedicados alegremente a impartir sabiduría a sus estudiantes.

El Amigo os conduce a un jardín glorioso dentro de un pétalo de la Rosa. Rebosa de flores, árboles y vegetación de todo tipo. En el centro hay una fuente de la que brota agua tan clara que parece la misma agua de la vida.

El Amigo os explica que el jardín es un símbolo universal de la vida espiritual. En su centro, la sabiduría y la comprensión florecen como frutos y flores de la propia alma.

Hay alguien en ese jardín, una mujer vestida con un hábito medieval de monja. Se inclina sobre una de las plantas y la examina con atención. Podéis oírla cantar con voz pura y alta:

*Soy la brisa que nutre todas las cosas verdes.
Animo a los capullos a florecer con frutos maduros.
Soy la lluvia que cae del rocío que hace que la hierba
ría con el gozo de la vida...*

La mujer nota vuestra presencia y os habla con una voz como la de la canción: «¡Ah, bienvenidos! Habéis traído a vuestro Amigo con vosotros. Por favor, venid, todos. Quiero mostraros el poder de reverdecer de la vida.»

Al acercaros, el Amigo os explica que se trata de la mística, científica, filósofa, poetisa, profeta, pintora, músico, botanista y amante de la naturaleza conocida en nuestra época como Hildegarda de Bingen. En el siglo XII, fue la abadesa de un convento en Baviera.

La madre Hildegarda os da una hoja.

«Esta hoja puede curar el dolor de cabeza», os dice, «pero mirad cómo también refleja la maravilla de Dios. Aquí en sus venas está la misma firma de Dios. Una hoja es un mundo en miniatura, un Árbol de Toda la Vida.

»Así como la hoja es alimentada en sus venas por el poder del verdor, del mismo modo todas las cosas son alimentadas por patrones de la fuerza viva. Los árboles, las plantas y los minerales, incluso los animales, son sustentados por ríos de energía como los que hay en estas hojas.

»Pero Dios también ha creado patrones que conectan entre sí a las formas de vida. Ha dispuesto las cosas de modo que cada parte de la creación esté vinculada con todo lo demás».

«Puedo entender cómo está entrelazada la naturaleza», respondéis, «pero cómo ser humano, a menudo me siento separado de todo eso».

La madre Hildegarda asiente con tristeza. De pronto se ilumina y dice: «Entonces dejad que os invite a sentir como siento yo, a conocer como conozco yo. Fui afortunada. Viví en el exuberante Valle del Rin, donde el verdor del mundo y del alma eran aparentes por doquier. Quizá pueda mostraros lo que quiero decir. ¿Me permitís agarraros la mano un momento?»

Coge vuestra mano y sentís la palma áspera y fuerte de alguien que ha pasado años trabajando en jardines y campos de cultivo.

En un instante empezáis a sentir que otra clase de energía —la del alma— corre por vosotros. Es la energía de alguien que ha aceptado ser los ojos, los sentidos y la trabajadora de Dios en el mundo. Perdéis vuestras extenuadas cataratas y veis el jardín tal como lo ve la madre Hildegarda: fresco, inmaculado, recién creado.

Ella habla, y vosotros seguís sus sugerencias.

«Hijos, ¿sabéis que todos somos ramas vivas del propio cuerpo de Dios? Sentid ahora el poder vivificador fluir por vosotros, como la savia que brota en la primavera.

»Para ser cotrabajadores con Dios, debemos convertirnos en un huerto florido. Mas, para florecer, primero hemos de conocer nuestro innato potencial creativo. Estamos vestidos con el andamio de la creación. El mismo cosmos está enraizado en nuestra forma humana. Sed ahora esa creación. Sí, sed esa creación.

»Extended la mano sobre el jardín y decid conmigo: "Soy la vida ígnea de la sabiduría divina. Enciendo la belleza de los prados. Doy vida a las aguas. Ardo en el sol, en la luna, en el exquisito verdor de los árboles y las hierbas. Adorno la tierra. Ahora toda la creación es invocada, acelerada, despertada por la melodía resonante de mi palabra".»

«¡Ahora pronunciad la palabra!»

«¡Ser!»

La palabra SER resuena por el jardín, reverberando como el palpitar de un corazón humano.

«Eso, Hijos, es Dios, que sabe», dice en voz baja la madre Hildegarda.

«Y para el conocimiento humano», continúa, «tomémonos tiempo para examinar esta hoja con más atención».

Inspirados por las palabras de Hildegarda, mirad la planta o la flor que tengáis cerca. Estudiadla desde todos los ángulos. Con delicadeza, tocad toda su superficie, y sentid el poder de su verdor. Percibid cómo ama la Tierra y se alza para adorar al sol.

Coged vuestros materiales de dibujo y esbozad ahora la planta o la flor, no sólo su forma, sino también su fuerza vital. Si vuestro medio favorito es la escritura, describidla en palabras, escribiendo, tal vez, como si fuerais la misma flor. Mientras trabajáis, imaginad que la planta o la flor se comunican con vosotros, ayudándoos a expresar su esencia de la mejor manera que podéis. Sentid que se pinta o se describe a través de vosotros.

Cuando hayáis terminado, la madre Hildegarda os vuelve a hablar. «Hijos, cada vez que os detengáis a examinar con atención la naturaleza, dadle vuestra bendición. Recordad, todo poder creativo, germinador, está en vosotros, pues sois de Dios y de la Tierra. La Tierra es la Madre de todo lo natural, de todo lo que es humano. Manteneos exuberantes. Manteneos terrestres, verdes... y, por encima de todo, reíd mucho y mantened el buen humor.»

Dándole las gracias a la madre Hildegarda, continuáis con el Amigo por el sendero en espiral y os adentráis en la Rosa.

En la lejanía, oís un batir que se hace más sonoro a medida que penetráis en el interior de la flor. No tardáis en llegar a su origen, un chamán y maestro espiritual africano sentado en un claro de la selva, que produce un poderoso ritmo sobre un enorme tambor tribal.

Es un hombre grande vestido con una holgada túnica multicolor, con una gorra haciendo juego.

«¿No es estupendo?», os pregunta el Amigo mientras observáis maravillados, con el cuerpo empezando a palpitar al ritmo del tambor.

Ante la expresión asombrada que mostráis por la palabra *estupendo*, el Amigo explica que entre los pueblos de África occidental, *estupendo* alude a esa chispa de sofisticación creativa o espiritual que le da a una persona gracia bajo presión, porte real, brillo artístico y gran carácter. Esta claro que ese hombre posee un arte y una conciencia apasionados.

El tambor es su enseñanza espiritual. De todos los instrumentos musicales, éste es el más imbuido de ideas místicas. Su batir es el diálogo entre la materia y el Espíritu, la conciencia humana y el ritmo del mundo natural. Tocarlo anuncia un destello del Espíritu, un torrente de inmensidad de la voz divina que llama al alma humana a una transformación superior.

En África y en otras culturas chamánicas, explica el Amigo, el tambor es el instrumento de éxtasis y comunión. Nos permite ir «al sur» en nuestra psique, disolver las incómodas categorías que nos mantienen alejados del terrible poder del Espíritu. A medida que el parche del tambor late y palpita, la gran separación existente entre «yo» y «no yo» se salva, y el mundo humano y el mundo del Espíritu se encuentran en un flujo misterioso de éxtasis «estupendo».

El chamán os llama, su voz es la cadencia del tambor. «Venid. Bailad. Dejad que el ritmo penetre en vuestra mente. Vuestro cuerpo. Vuestro espíritu. Pronto os convertiréis en el Espíritu. El que no danza no conoce a Dios.»

En respuesta a esa invitación, danzáis durante un tiempo al ritmo potente de la música o, si lo preferís, batís las manos en acompañamiento. Al moveros, sentid el Espíritu en vosotros. Si permanecéis dentro del ritmo, pasado un rato no sabréis ni os importará dónde empieza el Espíritu y dónde termináis vosotros, o si tiene alguna importancia, tan llenos estáis con el éxtasis bendito y gozoso.

Empezáis a entender cómo el tambor puede ser la clave del encuentro espiritual y la danza su instrumento. Pues meditar de esta manera es bailar, permitir que los portales del yo se abran.

Si este sendero os parece adecuado, daos un tiempo sagrado cada día para invitar al Espíritu a unirse a vosotros en la danza. Con plena conciencia de la naturaleza sagrada de lo que hacéis, poned una música apropiada y dedicad el baile a la comunión con el Espíritu. Quizá también deseéis tocar el tambor como un modo de potenciar esa conexión.

Dejando el lugar del tambor, penetráis más en la Rosa, y al rato arribáis a una puerta con forma de corazón.

«Ésta es la entrada al sendero del amor», os dice el Amigo. «A través de esta puerta encontraréis la revelación del corazón, la revelación de que es el amor el que os acerca más a Dios y su creación. El amor os abre el corazón para que todo el mundo entre en él y sea amado.»

Al cruzar la puerta del corazón, sois recibidos por un extático hombre barbudo, vestido con pantalones anchos, zapatos en punta y un turbante. Os abraza con frenesí, diciendo:

Hay un frenesí extraño en mi cabeza,
de aves que vuelan
y partículas que circulan por voluntad propia.
¿Aquel que amo está por doquier?

«Sí, Maestro Rumi», replica el Amigo, «aquel que amáis está por doquier».

El Amigo os presenta a Jalaluddin Rumi, el místico persa que vivió y enseñó en Turquía en el siglo XIII.

Su camino es el del corazón y su práctica espiritual es enamorarse locamente del Amado Divino. «Ha escrito muchas poesías sobre su relación amorosa», os explica el Amigo.

Rumi ríe, da unas vueltas y os lo demuestra:

*Hemos dejado de ganarnos la vida.
Ahora sólo existe esta loca poesía de amor.
Está por doquier. Nuestros ojos y sentimientos
juntos se centran, con nuestras palabras.*

«No puedo evitarlo, amigos», dice Rumi. «Soy el peón de la inspiración.»

*Todos mis cabellos se han convertido, gracias a Tu amor,
en verso y gazal,
todas mis extremidades, gracias a Tu deleite,
en un tonel de miel.*

«Lo que dice es verdad», continúa el Amigo. «El Maestro Rumi ha compuesto decenas de miles de versos, cuartetos, odas, una especie de poesía persa llamada gazal, e incluso una vasta épica espiritual. Dentro de sus dulces líneas hay un torrente enciclopédico, un éxtasis de conocimiento.

»Rumi conoce el todo y sus partes. El camino del amor espiritual lo ha llevado a la armonía con el Patrón Que Conecta Toda La Vida. Mediante el amor al Amado Divino, su mente y alma han despertado ante todo lo que se puede conocer en los mundos interior y exterior. El camino del amor puede hacer lo mismo para vosotros.»

«Entonces, ¿cómo puedo entrar en el sendero del corazón?», preguntáis.

Rumi está dispuesto a mostraros un modo de empezar. Os invita a sentaros con él sobre un cojín de seda bordada y os enseña un ejercicio que hacen los sufíes. Lo llaman *zikkr*.

«Éste», os dice, «es el zikkr de la comunión con Dios, el Amado.

»Respirad profundamente, mientras pensáis en la presencia de Dios como el Amado de vuestra alma. Luego, al exhalar, haced tres sonidos desde lo hondo de la garganta, que surgen del mismo centro del pecho, donde está el corazón. El sonido que realizais es "HMMM, HMMM, HMMM".

»Sed conscientes de la vibración en el pecho. Cada vez que surja el sonido, sentid una especie de comunión con cualquier deidad, imagen o idea que creáis que es el Amado Espiritual de vuestra alma. Para los que seáis cristianos, tal vez es la unión con Cristo. Para los budistas, puede ser la Naturaleza del Buda.

»Sentid y creed que Aquel que es el Amor Encarnado está comulgando con vosotros, amándoos mientras realizáis este ejercicio.

»Sabed también que ese zumbido profundo es el sonido último. Es el sonido de los bebés ante el pecho. Es el sonido de hacer el amor. Está arraigado desde la antigüedad en el cerebro. Es el sonido de las olas que rompen sobre la playa tras su largo viaje por el océano.

»Manteneos muy concentrados en cada respiración al realizar esos tres HMMM, recordando que el Amado os anhela tanto como vosotros a Él.

»Si deseáis ejecutar la práctica del estilo formal Sufí, producid tres HMMM en tres ciclos de treinta y tres exhalaciones, en total noventa y nueve HMMM.

»Un buen modo de completar la práctica es reconocer al Amado y reverenciarlo. Lo hacéis inclinándoos lenta y profundamente desde la cintura. Primero al Amado que lleváis dentro. Luego al Amado que hay en otros. Y por último al Amado Que Es. Luego sentaos a meditar en vuestra experiencia.»

Inspirados por las potentes indicaciones de Rumi, intentadlo ahora, inhalando un sentido de la presencia divina y exhalando con tres sonidos hondos de HMMM. Hacedlo varias veces. Cuando lleguéis al silencio, inclinaos ante el Amado y sentaos en sosegada contemplación de unión con el Amante de Todo.

El zikkr de la comunión es una práctica muy poderosa, pues cuando el sonido de la dulzura de la unión se une al sentido de la presencia divina, ayuda a bloquear los patrones negativos habituales y los pensamientos nocivos.

Cuando os levantáis para marcharos, veis a Rumi en la distancia dando vueltas y cantándole al Amado:

Mi alma se vierte en la tuya y se funde.
Y la atesoro porque ha absorbido tu fragancia.

Dejáis el lugar del corazón y penetráis más en la Rosa, atraídos por lo que parece ser la imagen de un gran ojo abierto. «El ojo abierto», os dice el Amigo, «está siempre asociado con el despertar. Así como el ojo físico es una extensión del cerebro, el ojo espiritual, a menudo imaginado en el centro de la frente, se ve como un símbolo de visión espiritual.

»En el proceso de despertar, el ojo físico y el ojo interior y espiritual se vuelven uno. La unión de esta visión interior y exterior es lo que quería dar a entender Cristo cuando dijo: "Si llegas a tener un sólo ojo, todo tu cuerpo estará lleno de luz".»

Al acercaros, veis que dentro del ojo hay una habitación sin adornos, en la que un monje vestido con una sencilla túnica gris está sentado inmóvil, mirando una pared blanca y desnuda. El Amigo os informa de que es el reverenciado maestro zen conocido como Roshi Dogen, que vivió en el Japón del siglo XIII.

«Es conocido por su modo abrupto y sorprendente de explicar las cosas. Id a hablar con él», os insta. «Ha acabado su meditación.»

Os acercáis y os inclináis ante Roshi Dogen. Él os devuelve el saludo. Con voz titubeante, le pedís que comparta con vosotros sus enseñanzas superiores.

En respuesta, recoge un pincel, lo sumerge en un cuenco con tinta y escribe una única palabra en la pared blanca: *Atención*.

«Desde luego», decís, «pero, ¿no hay algo más?»

Roshi Dogen sonríe, asiente, coge una vez más el pincel y escribe: *Atención*.

«Vamos», protestáis, «eso no puede ser todo. ¿Qué más es importante?»

De nuevo Roshi ríe, se vuelve a la pared y repite: *Atención*.

Ahora leéis todo el mensaje: «Atención. Atención. Atención.»

Tal como habéis descubierto durante las visitas a las otras partes de la montaña interior, *atención* significa concentración en cualquier cosa que tengáis ante vosotros, impresiones sensoriales, recuerdos y emociones, historias. La atención os ayuda a desconectar el piloto automático y a estar presentes en la gloria del momento.

Cuando empecéis a practicar la concentración, quizá tengáis que deteneros muchas veces durante el día y recordaros la enseñanza de Roshi Dogen: «Atención. Atención. Atención.» Poco a poco la concentración se vuelve un hábito, y el mundo y la relación que tenéis con él cambian.

«Tengo cierta idea de cómo trabajar sobre la atención en mi vida exterior», le decís a Roshi Dogen, «pero mi mente está tan ocupada que me pierdo en pensamientos y sentimientos. ¿Qué puedo hacer al respecto?»

En respuesta, os señala el cielo azul. Luego una nube pasajera. Después otra vez el cielo azul. Con la mano indica que deberíais centraros en el cielo azul. Os indica que os sentís con él. Al hacerlo, sentís una sutil transmisión de su enseñanza zen.

Durante un rato, os sentáis en silencio, en un estado de tranquila ecuanimidad, siguiendo las olas de vuestra propia respiración. La postura es digna y contenida, como una montaña que se alza en una pradera o un templo majestuosamente erguido en un bosque. Estáis enraizados en la Tierra, mientras vuestra mente es el cielo.

Imaginad ahora vuestra mente como un cielo azul despejado. A medida que surgen los pensamientos, imaginad que son nubes que atraviesan el cielo de vuestra conciencia. Mirad cómo pasan, pero no os unáis a ellos ni los sigáis. Mientras se van, volved una vez más a la suave concentración sobre la claridad y la pureza del cielo azul y despejado...

Al practicar, practicar y continuar esta simple práctica, iréis construyéndoos un cuerpo nuevo, una mente nueva. Poco a poco las tensiones de la vida dejan de abrumaros. Las posibilidades creativas serán recibidas con delectación. La paz mental y la claridad de espíritu se convertirán en un modo de ser.

Después de hacerle una reverencia a Roshi en profundo agradecimiento por su enseñanza, dejáis la puerta del ojo abierto.

Con el Amigo os dirigís a un lugar donde reina una profunda quietud. No hay sonido, ni luz, ni tacto, ni gusto ni olor, pero todo parece a punto de florecer desde el profundo y denso silencio. Da la impresión de que también vosotros sois parte de ese silencio en el que todo ha ido a descansar.

Después de reposar unos momentos en el silencio, una voz brota de vuestro interior: «Dejad que aparezca ahora el Gran Amigo.»

Quién o qué aparece en respuesta a esa petición, no puedo decirlo, pues el aspecto del Gran Amigo es distinto para cada persona. A algunos les puede parecer un ángel. A otros, la personificación de la Conciencia de Cristo o la Naturaleza del Buda.

Y otros pueden verlo vestido como un dios o diosa clásicos o bajo una de las formas del Divino Femenino: Madre Tierra, sabia Sofía, grácil Kwan Yin. Y quizá no veáis nada en absoluto, y lo experimentéis como un sonido, un toque, una vibración, un sentido de la Presencia.

De cualquier modo que se os aparezca el Gran Amigo, recordad que esa figura espiritual interior forma parte de vosotros, es un morador de vuestro ser interior, siempre dispuesto a daros guía espiritual.

Quizá ahora queráis conversar directamente con el Gran Amigo. Yo sólo puedo ofreceros sugerencias sobre lo que tal vez deseéis preguntar o decir.

Tal vez queráis preguntarle cómo vivir la vida con atención adecuada a la realidad espiritual. Escuchad atentamente la respuesta, para que podáis aprender a distinguir la voz verdadera de la sabiduría espiritual de las insistencias del ego.

Para comprobar si la voz es auténtica, examinad con detenimiento el consejo que recibáis. ¿Parece una autoexaltación? ¿Os sugiere, por ejemplo, que vuestra vida espiritual estará en curso cuando seáis capaces de sanar a la gente, encontrar la pareja correcta o manifestar abundancia?

Si es así, cuidado. Quizá estéis oyendo la voz del materialismo espiritual, que se oculta bajo términos de logros nobles que en realidad son para vuestro beneficio personal.

Si, por otro lado, la voz interior os sugiere actos que son un servicio para otros y modos de ser que potencien vuestra amabilidad y compasión y os vuelven más sensibles al dolor del mundo y al reconocimiento de la semilla de Dios en otros, entonces la voz que oís probablemente es de confianza.

Quizá también queráis preguntarle a vuestro guía interior sobre cómo desarrollar vuestras propias prácticas espirituales. Habiendo explorado algunas formas, tal vez ahora tengáis un conocimiento más claro de si estáis mejor dotados para comulgar con la naturaleza, dibujar, escribir poesía, bailar, tocar el tambor o sentaros en silenciosa meditación.

Quizá vuestra práctica sea una combinación de todo esto, además de otras actividades que sólo vosotros conocéis. Preguntadle a vuestro guía interior qué deberíais hacer cada día o cómo mejorar las prácticas a las que ya os dedicáis. Observad las imágenes que os aparecen en la mente.

El guía interior también os puede ayudar a saber cómo crear un espacio sagrado en vuestro hogar. Tal vez os sintáis impulsados a convertir una mesa pequeña o la superficie de una cómoda en un altar, depositando en ellas objetos naturales: una planta, un jarrón con flores o una piedra especial.

Puede que incluso deseéis añadir cuadros o símbolos relacionados con las fuerzas espirituales o figuras que para vosotros signifiquen mucho, el cuadro de un ángel, de una deidad o de un maestro espiritual, una imagen o una estatua pequeña, una concha marina, una vela.

Asimismo, quizá queráis saber modos de comunicaros con el Espíritu. Tal vez vuestro Gran Amigo os sugerirá escribirle cada día a un guía espiritual en vuestro diario.

Durante años llevé un diario en mi ordenador dedicado a un guía interior, que para mí adoptaba la forma de la diosa griega Atenea. Lo más fascinante era que Atenea siempre respondía. Aunque yo «escribía» ambos diálogos, a menudo daba la impresión de que mi mente local había unido la distancia que la separaba de la

Gran Mente, y que las «respuestas» superaban lo que yo creía conocer.

El Gran Amigo también os puede aconsejar que lleváis una vida más espiritual, en la que los actos cotidianos sean sagrados prestándole atención a la Fuente.

Quizá se os aconseje que imaginéis que el agua de la ducha os brinda bendiciones y luz purificadora, no sólo llevándose las impurezas sino también refrescando vuestras emociones, pensamientos y espíritu.

Probablemente os inspiren para que hagáis de las comidas ocasiones de agradecimiento, celebraciones de la abundancia de la vida en todas sus formas.

El Gran Amigo también sabe cómo podéis sustentar un estado de ser mejor en la Presencia Divina.

Tal vez se os recuerde que los cristianos repiten mentalmente la Oración de Jesús una y otra vez hasta que gira en su interior casi de forma constante: «Jesucristo, ten piedad de mí.» O que los budistas emplean una técnica similar con un mantra del tipo de «Om mani padme hum».

Preguntadle a vuestro Gran Amigo cuál debería ser vuestro mantra, y que no os sorprenda la respuesta.

Recordad la historia de la abuela judía que se dedicó al yoga y empezó a entonar un mantra. En alguna parte había tomado la idea de que un mantra debía ser «indio».

Cuando su nieto espiritualmente sofisticado fue a visitarla, quedó sorprendido y algo más que divertido al oírla cantar: «Cheyenne... Cheyenne.»

«Escucha, cariño», le respondió, cuando él le dijo que lo que entonaba no era un cántico de la India: «Para mí es indio, y para mí funciona.»

Debido a que la parte de supervivencia de nuestro cerebro nos mantiene alerta ante el peligro, tenemos una fuerte tendencia a demorarnos en los pensamientos y sentimientos negativos. Los mantras, los cánticos y los zikkr llenan la mente de ideas y emociones positivas, expulsando el miedo, la ira, la sospecha, los celos y otros estados negativos.

Lo más importante de todo, formuladle a vuestro Gran Amigo la pregunta que surge siempre cuando nos hallamos en un estado positivo de comunión con el Espíritu: ¿Qué servicio puedo prestarle al mundo?

Si no aparece una respuesta de inmediato, entonces mirad a vuestro alrededor, ved qué hay que hacer, ¡y hacedlo!

Es tan sencillo como eso.

El servicio —ya sea consolar a un amigo o salvar un bosque— proporcionará sus propias técnicas, mucho más que cualquier cosa que podáis encontrar en este libro o en cualquier otro.

Este tipo de trabajo espiritual, al igual que otras prácticas que os pueda sugerir ahora o más adelante el Gran Amigo, os ayudará a desprenderos de las cataratas cerebrales y permitirá que vuestro Yo Superior brille.

Ahora el Amigo os guía hacia un camino que os lleva al mismo centro de la Rosa. Penetráis en una oscuridad asombrosa en la que parece que todo está contenido.

Sólo tenéis que pensar en algo y eso aparece. Habéis entrado en la Mente del Hacedor, la Fuerza Creativa en el centro de todo lo que es.

Pasan las realidades: estrellas y estrellas de mar, icebergs y helados, montañas y microchips, delfines y margaritas. La creación en su abundancia interminable.

A través de todo, debajo de todo, creando y sustentándolo todo, está la Presencia del Amor.

Un Amor tierno y furioso, siempre anhelante y absolutamente completo.

El Amor que nos quema la médula, que nos tienta al misterio, que perdona nuestro comportamiento torpe y nos llama a la grandeza.

El Amor que es plegaria ascendente y gracia descendente.

El Amor que mueve el sol y todas las estrellas.

El Amor que es el latir de la Eternidad en el tiempo.

En la presencia de semejante Amor, vuestro corazón disuelve las murallas de su fortaleza para que pueda entrar el Amado.

De momento, la búsqueda ha cesado. Estáis en Casa, cómodos en un lugar sagrado que siempre ha estado en vuestro interior. Sólo habíais olvidado el camino.

Aquí en el Hogar, descansáis en la Chimenea del Amor. Entendéis como nunca antes lo habíais hecho que vuestro corazón forma parte del Gran Corazón. Vuestra mente parte de la Gran Mente. Vuestra alma parte de la Gran Alma.

Vosotros y Todo os habéis convertido en agua vertida en el Agua.

Vosotros y lo Divino os habéis convertido en sabor.

«Gracias», susurráis, pues tanto la gratitud dada como la recibida se hallan aquí, en el centro de todo.

La visita al reino espiritual llega a su fin. O, más bien, empieza, ya que a partir de este momento estaréis siempre conectados, siempre en Casa.

Abandonáis el centro de la Rosa, y en compañía del Amigo regresáis por el sendero en espiral a través de los pétalos celestiales. Un vestigio de polen espiritual se aferra a vosotros, un regalo del centro de la Creación, del centro de la Rosa. Por su ligera pegajosidad, comprendéis que ahora y siempre estáis listos para ser polinizados por la interminable energía del Espíritu.

Emprendéis el viaje de regreso a vuestra vida cotidiana, pasando por la cortina de agua que marca el umbral hacia el Reino del Espíritu.

Subís el sendero empinado y llegáis a la puerta del Reino del Mito y del Símbolo. Está tallada con la historia de vuestro futuro. Observad sus imágenes cambiantes durante unos minutos y ved qué historias emergen. Si pensáis la pregunta: «¿Qué pasará si tomo este camino?», puede que la puerta mítica os responda, mostrándoos imágenes del viaje de vuestra vida en forma de historias y símbolos.

Al subir en torno al sendero interior, arribáis a la puerta de espejos del Reino de la Psique. La escrutáis, pero no veis ningún rostro ni forma, sólo luz. Después de la visita al reino espiritual, estáis llenos de luz.

Llegáis a la puerta del Reino de los Sentidos. Emite música de celebración en vuestro honor.

Con paso animado, ascendéis hasta que, una vez más, salís por la entrada de la montaña interior. Al recoger la losa de piedra para tapar la abertura, descubrís para vuestro deleite que ya podéis leer la inscripción:

AHORA, SOIS MÁS.

Cultivar la pasión cotidiana

AHORA EL GATO ha salido de la bolsa. Con los sentidos sintonizados y la psique preparada, con un sendero mítico debajo de vuestros pies y la inmensidad del Espíritu conteniéndolo todo en Amor, vuestra vida puede ser una obra de arte, vuestra gran creación, vuestra pasión cotidiana.

Habéis recorrido un largo camino para llegar hasta aquí. Lo más probable es que hayáis dedicado lo que parecen vidas enteras anhelando que algo o alguien os lleve a casa, a aquello que realmente sois.

Ahora es el momento de vuestra elección. El Hogar que habéis anhelado ha estado siempre en vosotros. Recordad vuestros viajes, los paisajes interiores que habéis explorado, la gente especial que habéis conocido, las riquezas sensoriales y emocionales que habéis experimentado, las historias que habéis hecho vuestras, el Creador que descubristeis que erais. El Gran Reino interior es vuestro por derecho, vuestra espléndida herencia.

Lo único que ahora se os requiere es que continuéis labrando el suelo de vuestra alma. Así como no descuidaríais las semillas que plantasteis con la esperanza de que dieran sus cosechas de verduras, frutas y flores, del mismo modo debéis cuidar y nutrir vuestro propio jardín.

¿Cómo podéis hacerlo? Primero, no guardéis este libro en una estantería. Mantenedlo fuera donde podáis verlo. Sumergios en él tan a menudo como podáis para buscar gozo y relajación, así como aprendizaje, sanación y servicio. Pensad en él como en la Guía del Viajero para Llegar al Hogar, con mapas útiles y listas que indiquen Dónde están las Cosas y Cómo Llegar de Aquí hasta Allí.

En un día en que os sintáis apesadumbrados, id al reino sensorial y pulid vuestros sentidos hasta que brillen. Encontraos con los cocineros, músicos, pintores y bebedores, y aquellos para los que el tacto sea el camino a la gloria. Dejad que esos guías interiores os devuelvan el mundo con todas sus maravillas.

Si os sentís enfermos, visitad de nuevo al Sanador interior y redescubrid los modos de abrazar la salud. Recordad a la tripulación sabia y dispuesta que siempre habéis tenido pero que rara vez veis. Por encima de todo, manteneos cerca del Amigo, vuestro Yo Esencial, pues él conoce quiénes sois en realidad y lo que aún podéis llegar a ser.

Si os sentís perdidos y sin objetivos, ¡haceos míticos! Dejad que la mente os dé una historia, una que quizá ya conozcáis o una que os revele ella, y viajad en su compañía por el camino hacia la aventura y la transformación. Tenéis dentro de vosotros mil historias heroicas. Retornad a vuestra vida con el conocimiento de que vivís una Gran Historia, cuyo siguiente capítulo está abriéndose ahora ante vosotros.

Y cuando llame el Espíritu, contestad. El reino espiritual es la fuente de todos los demás. Allí regresáis al lugar del corazón del Hogar de vuestro Hogar. Allí os hacéis más profundos y recibís tanto el patrón como el objetivo que guía vuestro servicio superior en el mundo.

Ahora tenéis la pasión por lo posible. Ahora podéis llevar la vida que debíais vivir. ¡Hacedlo!

Agradecimientos

ESTE LIBRO nació como un programa de una hora de duración para la PBS. Estoy muy agradecida a mis productores y codesarrolladores, Catherine Tatge, Dominique Lasseur y Kenneth Cavander por trabajar tanto y tan duro conmigo para crear lo que llegó a ser un programa inusual y provocador.

Quiero darle las gracias a Joe Durepos, quien me instó a escribir este libro y quien lo puso en las manos adecuadas en el momento adecuado y con la presentación adecuada. Su energía y dedicación son míticas. Brenda Rosen, mi magnífica editora, aportó constantes sugerencias y realimentación mientras nos esforzábamos juntas para crear un modo evocador de presentar el trabajo y la investigación de tres décadas. Sin su percepción y crítica, este libro sería mucho más pobre.

John Loudon, mi editor en HarperSanFrancisco, aportó una visión incisiva y me devolvió al camino cuando empezaba a dispersarme, como suele sucederme. Su asociada, Karen Levine, siempre estuvo presente y a mano para ayudar y dar información.

Y Priscilla Stuckey sigue siendo la mejor correctora que conozco. A diferencia de otras edioriales, HarperSanFrancisco mantiene a sus autores al día sobre todo lo nuevo que surge en la empresa de realizar un libro.

Peggy Nash Rubin añadió claridad y su genio especial para el desarrollo del manuscrito. Mi agente, Fonda Joyce, y mi ayudante, Marie Joerss, fueron valiosos conejillos de Indias para el material que aquí se presenta. Admiro especialmente el trato original y refrescante que le dan a los temas arcanos. También estoy agradecida a los estudiantes de la Mystery School del curso 1997, quienes fueron los primeros en escuchar y probar esta presentación para trabajar con los cuatro niveles de conciencia. Sus respuestas han sido inestimables. Y Betty Rothenberger, una vez más, como con casi todos mis libros anteriores, ha prestado su fino ojo y agudo oído para mejorar esta obra.

Y por último, una invaluable gratitud a mi esposo, Robert Masters, por su ingenio de pensamiento, palabra y obra.

Para mayor información sobre Jean Houston, escríbanle, por favor, a Box 3300, Pomona, Nueva York 10970, USA.

Su página Web se puede encontrar en:
http://www.jeanhouston.org

COLECCIÓN PSICOLOGÍA Y AUTOAYUDA

1. ¿QUIÉN TIRA DE NUESTROS HILOS?, *por L. Proto.*
2. VIVIR EN PAREJA, *por Raimon Gaya.*
3. ACABA CON EL COMPLEJO DE VÍCTIMA, *por L. Proto.*
4. FELICIDAD EN LAS RELACIONES PERSONALES, *por A. Naylor.*
5. EL LENGUAJE CORPORAL, *por G. Rebel.*
6. NACIDO PARA EL ÉXITO, *por C. Turner.*
7. CURA TU SOLEDAD, *por Erika J. Chopich y M. Paul.*
8. P.N.L. PROGRAMACIÓN NEUROLINGÜÍSTICA, *por Dr. H. Alder.*
9. LAS CLAVES DE LA AFECTIVIDAD FEMENINA, *por Dra. L. Sutil.*
10. ¡EUREKA! LA LLAVE DEL TRIUNFO, *por C. Turner.*
11. GESTOS PARA SEDUCIR, *por M. Brulard.*
12. CÓMO CONOCER Y MEJORAR SU SALUD MENTAL, *por G. D. Chohen y W. Gladstone.*
13. LOS SECRETOS DE LA ATRACCIÓN, LA SEDUCCIÓN Y EL AMOR, *por M. Segura.*
14. EQ. QUÉ ES INTELIGENCIA EMOCIONAL, *por D. Märtin y K. Boeck.*
15. TODA ESA GENTE INSOPORTABLE, *por F. Gavilán.*